VOL.29

Dados Internacionais de Catalogação na Publicação (CIP)
(Câmara Brasileira do Livro, SP, Brasil)

C437j   Chateau, Jean, 1908 –
     O jogo e a criança / Jean Chateau; [tradução Guido de Almeida]. – São Paulo: Summus, 1987 (Novas buscas em educação; v. 29).

Bibliografia.

1. Jogos infantis 2. Jogos infantis – Aspectos psicológicos 3. Psicologia infantil I. Título. II. Série

                                            CDD-790.1922
87-1645   CDD-155.4

Índices para catálogo sistemático:

1. Crianças: Psicologia infantil   155.4
2. Jogos infantis: Recreação   790.1922
2. Psicologia da criança   155.4

Compre em lugar de fotocopiar.
Cada real que você dá por um livro recompensa seus autores
e os convida a produzir mais sobre o tema;
incentiva seus editores a encomendar, traduzir e publicar
outras obras sobre o assunto;
e paga aos livreiros por estocar e levar até você livros
para a sua informação e o seu entretenimento.
Cada real que você dá pela fotocópia não autorizada de um livro
financia o crime
e ajuda a matar a produção intelectual de seu país.

O jogo e a criança

Jean Chateau

summus editorial

O jogo e a criança

Jean Chateau

summus
editorial

Do original em língua francesa
L'ENFANT ET LE JEU
Copyright © 1954 by Jean Chateau
Direitos desta tradução adquiridos por Summus Editorial

Tradução: **Guido de Almeida**
Capa: **Edith Derdyk**
Direção da Coleção: **Fanny Abramovich**

Summus Editorial

Departamento editorial:
Rua Itapicuru, 613 – 7º andar
05006-000 – São Paulo – SP
Fone: (11) 3872-3322
Fax: (11) 3872-7476
http://www.summus.com.br
e-mail: summus@summus.com.br

Atendimento ao consumidor:
Summus Editorial
Fone: (11) 3865-9890

Vendas por atacado:
Fone: (11) 3873-8638
Fax: (11) 3873-7085
e-mail: vendas@summus.com.br

Impresso no Brasil

NOVAS BUSCAS EM EDUCAÇÃO

Esta coleção está preocupada fundamentalmente com um aluno vivo, inquieto e participante; com um professor que não tema suas próprias dúvidas; e com uma escola aberta, viva, posta no mundo e ciente de que estamos chegando ao século XXI.

Neste sentido, é preciso repensar o processo educacional. É preciso preparar a pessoa para a vida e não para o mero acúmulo de informações.

A postura acadêmica do professor não está garantindo maior mobilidade à agilidade do aluno (tenha ele a idade que tiver). Assim, é preciso trabalhar o aluno como uma pessoa inteira, com sua afetividade, suas percepções, sua expressão, seus sentidos, sua crítica, sua criatividade...

Algo deve ser feito para que o aluno possa ampliar seus referenciais do mundo e trabalhar, simultaneamente, com todas as linguagens (escrita, sonora, dramática, cinematográfica, corporal, etc.).

A derrubada dos muros da escola poderá integrar a educação ao espaço vivificante do mundo e ajudará o aluno a construir sua própria visão do universo.

É fundamental que se questione mais sobre educação. Para isto, deve-se estar mais aberto, mais inquieto, mais vivo, mais poroso, mais ligado, refletindo sobre o nosso cotidiano pedagógico e se perguntando sobre o seu futuro.

É necessário nos instrumentarmos com os processos vividos pelos outros educadores como contraponto aos nossos, tomarmos contato com experiências mais antigas mas que permanecem inquietantes, pesquisarmos o que vem se propondo em termos de educação (dentro e fora da escola) no Brasil e no mundo.

A coleção *Novas Buscas em Educação* pretende ajudar a repensar velhos problemas ou novas dúvidas, que coloquem num outro prisma, preocupações irresolvidas de todos aqueles envolvidos em educação: pais, educadores, estudantes, comunicadores, psicólogos, fonoaudiólogos, assistentes sociais e, sobretudo, professores... Pretende servir a todos aqueles que saibam que o único compromisso do educador é com a dinâmica e que uma postura estática é a garantia do não-crescimento daquele a quem se propõe educar.

Quem joga, jurou.

Alain

ÍNDICE

Prefácio 11

INTRODUÇÃO

POR QUE A CRIANÇA BRINCA? 13

CAPÍTULO I

O JOGO E O OUTRO 34
A — O apelo do mais velho 34
B — A formação do grupo 43

CAPÍTULO II

A DISCIPLINA DO JOGO 55
A — A regra e a ordem 55
B — Os obstáculos à disciplina 66
C — O objeto, o adulto e o grupo 73
D — Origem das regras do jogo 79

CAPÍTULO III

OS JOGOS, AS IDADES E OS CARACTERES 96
A — Os jogos e os caracteres 96
B — Os jogos e as idades 106

CONCLUSÃO

PAPEL PEDAGÓGICO DO JOGO 124

Bibliografia 139

PREFÁCIO

Nenhum assunto, no campo da psicopedagogia, suscitou, no último meio século, tantas pesquisas quanto o jogo. Os trabalhos de Jean Chateau contribuíram enormemente para a renovação dos dados do problema. Em suas teses, o autor tem mostrado que se o jogo para a criança é, em primeiro lugar, brincadeira, é também uma atividade séria em que o faz-de-conta, as estruturas ilusórias, o geometrismo infantil, a euforia [1] etc., têm importância considerável. O que interessa para Chateau, sobretudo em *O Jogo e a Criança* são, como faz pensar o próprio título do livro, as relações entre o jogo e a natureza infantil. O surgimento do verdadeiro comportamento lúdico que ele distingue nitidamente dos jogos funcionais do bebê está ligado ao despertar da personalidade. A busca da auto-afirmação manifesta-se nos jogos sob duas formas: o apelo do mais velho, considerado como o "motor essencial da infância" e o amor à ordem, à regra, levado até ao formalismo. Foi sobre estes dois grandes temas que Jean Chateau construiu seu cativante estudo. Com uma espécie de vivacidade alegre que nos leva de uma observação a uma citação sugestiva, do resultado de uma entrevista a uma "fórmula de escolha" [2] ou a uma lembrança pessoal, ele nos faz captar, através de uma análise minuciosa, toda a importância do lúdico na vida da criança.

---

1. No original, "emportement", que significa euforia, arrebatamento, irritação, exaltação. Preferimos o termo euforia, mas queremos chamar a atenção do leitor para o fato de o autor ver sempre nessa euforia o lado negativo que leva à desordem, à "bagunça" e, conseqüentemente, ao fim da brincadeira. (N.T.)

2. No original, "comptine". Não temos em português um termo que traduza exatamente a palavra francesa. Consultando a literatura sobre brincadeiras infantis, encontramos em Alceu Maynard Araújo, *Cultura Popular Brasileira*, da Melhoramentos, 1973, a expressão "fórmulas de escolha" e resolvemos adotá-la nesta tradução. "Comptines" ou "fórmulas de escolha" são aqueles versinhos que se usam para, no início de uma brincadeira, atribuir os papéis aos participantes. Quando se vai brincar de "pegador", por exemplo, alguém logo grita: "eu vou contar!". Este "contar" consiste em ir usando

Se, com efeito, a psicologia genética dá tamanha atenção ao jogo, é, sem dúvida, porque ele constitui em si mesmo uma atividade singularmente importante que "se move entre a pura ficção e a realidade do trabalho". É também o jogo que nos ajuda a conhecer melhor as tendências da criança: pensemos no papel progressivo dos jogos — o de marionetes, por exemplo — entre as técnicas de investigação que se inspiram na psicanálise.

Mas, em especial, parece-me, seu estudo nos oferece um verdadeiro laboratório de observações, de onde podemos ter uma visão global da infância. O jogo possibilita a percepção total da criança, em seus aspectos motor, afetivo, social ou moral. Eu diria até que o jogo, tal como a linguagem, se bem que de outra forma, nos revela muito das estruturas mentais sucessivas da criança. Pode-se considerar este trabalho como um dos estudos-piloto da psicologia genética. Era, portanto, imperativo que um dos primeiros volumes da coleção "A la découverte de l'enfant" lhe fosse consagrado.

O jogo é, além do mais, uma boa maneira de compreender certas atividades do adulto, aquelas que se podem considerar com M. Pradines como as grandes criações do gênio humano: a esse respeito, as páginas que tratam, no fim do livro, das relações entre a arte e o jogo são de grande interesse.

Enfim, o jogo tem um papel pedagógico que o autor examina e discute num capítulo novo e importante que serve de conclusão a esta nova edição de seu livro. Todos os que conhecem as demais obras que ele publicou não se surpreenderão com suas reservas no que diz respeito a certos exageros e possíveis erros. Pessoalmente, creio natural e necessário que J. Chateau exponha, à luz de suas pesquisas psicológicas sobre o jogo infantil, seu ponto de vista pessoal sobre esse grande problema educacional, diante do qual as opiniões são, como se sabe, há muito compartilhadas. Chateau fez isso num capítulo rico de pensamento, excelente para estimular a reflexão de seus leitores, o que aumenta ainda o valor e o alcance de seu livro.

Maurice Debesee
Professor da Sorbonne

---

uma "fórmula de escolha" para decidir quem será o "pegador". São muito conhecidas entre nós fórmulas de escolha como: "Una, duna, tena, catena, bico de pena, esta sim, esta não" ou "Une, dune, tê, salamê mingüê, o sorvete colorê, une, dune, tê". Geralmente são palavras sem sentido, quer no portugues, quer em outras línguas. (N.T.)

INTRODUÇÃO

POR QUE A CRIANÇA BRINCA?[1]

Seria desnecessário, hoje em dia, assinalar o papel capital do jogo no desenvolvimento da criança e mesmo do adulto. "O homem só é completo quando brinca", escrevia Schiller, e a frase tem sido constantemente comentada. Arte, ciência e mesmo religião são freqüentemente jogos sérios. Brinca-se de pintar ou de rimar como se joga xadrez; e muitas obras que encantam gerações e gerações foram para seus autores meras brincadeiras. Admite-se até que o jogo se insinue em especulações aparentemente bem pouco preocupadas com a satisfação íntima que proporciona a conduta lúdica.[2] Não há algo de jogo nas máximas de La Rochefoucauld? E os mitos que Platão divulga em seus diálogos, não foram também um jogo para o filósofo? Pelo jogo, com efeito, podemos abandonar o mundo de nossas necessidades e de nossas técnicas, este mundo interessado que nos fecha e nos estreita; escapamos da empresa do constrangimento exterior, do peso da carne, para criar mundos de utopia. Pomos então em jogo — que admirável a ambigüidade do termo! — funções que a ação prática consideraria inúteis; nós nos realizamos plenamente, entregando-nos por inteiro ao jogo.

Por motivo ainda mais forte, o mesmo se dá com a criança que a solicitude adulta afasta dos contatos muito brutais das coisas inumanas. Para ela, quase toda atividade é jogo e é pelo jogo que ela adivinha e antecipa as condutas superiores. "Para a criança, escreveu Claparède, o jogo é o trabalho, o bem, o dever, o ideal da vida. É a única atmosfera na qual seu ser psicológico pode respi-

---

1. "Jouer" em francês significa tanto "jogar" quanto "brincar" ou "representar". Na verdade, quando a criança brinca, ela joga e representa. Em português, ora ficaria melhor um termo, ora outro, mas há sempre a polivalência do termo francês. Achamos conveniente chamar a atenção do leitor de língua portuguesa para esse fato. Convém que ele leia este livro tendo sempre em mente que "jogar", "brincar" e "representar" são atitudes muito próximas e mesmo superpostas, e cujos contornos é impossível delimitar. (N.T.)
2. "Ludique": de jogo (do latim *ludus*, jogo). (N.T.)

rar e, conseqüentemente, pode agir."[3] A criança é um ser que brinca/joga, e nada mais.

Perguntar por que a criança brinca, é perguntar por que é criança. "A infância serve para brincar e para imitar", diz ainda Claparède.[4] Não se pode imaginar a infância sem seus risos e brincadeiras. Supunhamos que, de repente, nossas crianças parem de brincar, que os pátios de nossas escolas fiquem silenciosos, que não sejamos mais distraídos pelos gritos ou choros que vêm do jardim ou do pátio, que não tivéssemos mais perto de nós este mundo infantil que faz a nossa alegria e o nosso tormento, mas um mundo triste de pigmeus desajeitados e silenciosos, sem inteligência e sem alma. Pigmeus que poderiam crescer, mas que conservariam por toda a sua existência a mentalidade de pigmeus, de seres primitivos. Pois é pelo jogo, pelo brinquedo, que crescem a alma e a inteligência. É pela tranqüilidade, pelo silêncio — pelos quais os pais às vezes se alegram erroneamente — que se anunciam freqüentemente no bebê as graves deficiências mentais. Uma criança que não sabe brincar, uma miniatura de velho, será um adulto que não saberá pensar.

A infância é, portanto, a aprendizagem necessária à idade adulta. Estudar na infância somente o crescimento, o desenvolvimento das funções, sem considerar o brinquedo, seria negligenciar esse impulso irresistível pelo qual a criança modela sua própria estátua. Não se pode dizer de uma criança "que ela cresce" apenas, seria preciso dizer "que ela se torna grande" pelo jogo. Pelo jogo ela desenvolve as possibilidades que emergem de sua estrutura particular, concretiza as potencialidades virtuais que afloram sucessivamente à superfície de seu ser, assimila-as e as desenvolve, une-as e as combina, coordena seu ser e lhe dá vigor.

Se o jogo desenvolve assim as funções latentes, compreende-se que o ser mais bem-dotado é também aquele que joga mais. A planta contenta-se em crescer, seria vão procurar em todas as suas funções alguma coisa que se aproximasse do jogo animal. O animal inferior, micróbio, esponja, verme, absolutamente não brinca. A aparição da brincadeira nos animais superiores testemunha uma etapa capital nessa lenta ascensão das formas vivas em direção à forma evoluída que é o homem. Mas, nas formas animais superiores, o lugar tomado pelo período do jogo, pela infância, é também um sinal revelador da superioridade ou da inferioridade de uma espécie. A cobaia, cuja inteligência é muito limitada, comporta-se como adulto a partir de dois ou três dias de vida, enquanto que o rato branco, muito mais inteligente, tem uma infância de quatro semanas. Se se

---

3. *Psychologie de l'Enfant*, 1. I, p. 179.
4. *Ibid.*, p. 165.

compara, sob esse ponto de vista, o homem com o macaco, constata-se que o segundo tem uma infância muito mais curta. No chimpanzé, cuja longevidade média é de quarenta anos, atingindo às vezes sessenta, "o crescimento é muitíssimo conhecido. Pode-se dividi-lo em três períodos: um período infantil, que vai do nascimento aos dois anos e meio; um período de juventude, que vai de dois anos e meio aos sete ou oito anos; um período de maturidade sexual, que vai dos sete ou oito anos até, aproximadamente, os doze anos".[5] O pequeno chimpanzé anda com as quatro patas aos seis meses, e fica em pé com um ano. Essa rapidez do desenvolvimento inicial, longe de ser favorável à inteligência, é, ao contrário, nociva. "Com efeito, quanto mais longa a infância, maior o período de plasticidade durante o qual o animal brinca, joga, imita, experimenta, isto é, multiplica suas possibilidades de ação e enriquece com o fruto de sua experiência individual o fraquíssimo capital que lhe foi transmitido como herança."[6]

A infância tem, portanto, por objetivo o treinamento, pelo jogo, das funções tanto psicológicas quanto psíquicas. O jogo é, assim, o centro da infância, e não se pode analisá-la sem atribuir-lhe um papel de pré-exercício, como dizia Groos. Mas falta precisar que papel é esse. Não se pode, na verdade, tratar da mesma maneira o jogo do animal e os diversos jogos de crianças de idades diferentes.

É preciso reconhecer que o jogo do animal depende de sua estrutura e de seus instintos; um cachorrinho não brinca de dar cabeçadas como um cabritinho, ou com uma bola de lã como um gatinho. Os jogos dos animais dependem dos instintos próprios a cada espécie, e essa é a preparação para a atividade adulta. É através desses jogos que cada função se fortalece e se afirma. A maior parte das funções instintivas é, em sua primeira manifestação, muito abrangente, muito difusa, e a atividade que lhe corresponde é muito desajeitada. Mas, através do jogo, essas funções são exercitadas. Há um jogo da caminhada e da corrida que desenvolve os músculos das pernas; os jogos de caça precisam os instintos de caça: é o que faz o gato com sua bola de lã. Pode-se aplicar perfeitamente ao animal o que, de acordo com a teoria de Groos, disse Lee sobre a criança: "O crescimento de cada criança é a história da Bela Adormecida, em que o jogo desempenha o papel do Príncipe. Existe um corpo virtual, mas sua existência em ato depende de seu uso, e seu uso está prescrito no instinto do jogo."[7]

---

5. Urbain e Rode, *Les Singes Anthropoïdes*, p. 83.
6. Claparède, *ibid.*, p. 166.
7. Lee, *Play in Education*, p. 5.

Tais jogos são observáveis nos bebês, e são meros exercícios das funções. É o que se pode chamar, de acordo com Bühler, *jogos funcionais.* Basta observar durante alguns minutos um bebê de oito meses em seu carrinho para constatar tais jogos: ele bate o pé no carrinho, balbucia ladainhas de sons incompreensíveis, move os braços como se fizesse ginástica sueca, movimenta a cabeça, pega objetos e os deixa cair. Nenhum desses gestos tem, em si mesmo, uma significação; parece que a criança "não faz nada". Entretanto, ela cumpre um trabalho capital: ela se molda a si mesma, se exercita movendo as pernas (o que lhe permitirá andar mais tarde), esboça em seus murmúrios a linguagem que se aproxima, forma suas mãos para a manipulação. Não há, então, gestos inúteis, cada atividade concorre para desenvolver uma função, para fazer emergir também funções mais difíceis como a palavra ou o andar, que seriam impossíveis sem os movimentos de pernas e os balbucios que as preparam. A atividade dos jogos funcionais permite a cada função explorar sua área e se expandir para dar surgimento a novos resultados. Pode-se também observar que a aparição, na criança, de toda função nova (falar, andar etc.) dá sempre lugar a múltiplos jogos funcionais como se ela quisesse "tirar a prova de todas as possibilidades da função".[8] Daí os movimentos espontâneos; depois atividades exploratórias que, durante o primeiro ano de vida, ganham cada vez mais importância. Alguns psicólogos tentaram medir mês a mês do primeiro ano o tempo dessas atividades espontâneas de jogo. Eis os resultados encontrados por Mme. Ch. Bühler:

Idade (em meses)

0	1	2	3	4	5	6	7	8	9	10	11	12

Duração das atividades espontâneas (com base em 144 minutos)

14	24	133	161	94	304	309	375	337	430	492	510	460

Essa atividade espontânea, quase nula no recém-nascido, chega, em um ano, a representar dois terços do tempo que a criança passa acordada.

Notável a respeito desses jogos é que eles se dirigem unicamente à atividade infantil, não importando o objeto do jogo. "As atividades da criança durante o primeiro ano caracterizam-se por sua independência do material, isto é, a criança faz os mesmos movimentos característicos de seu nível de desenvolvimento independente da natureza do material de que se ocupa. Durante um período, a criança

---

8. Wallon, *L'évolution Psychologique de l'Enfant,* p. 66.

16

sacode todo objeto, três semanas mais tarde, bate os objetos uns contra os outros ou os atira fora. É um período em que a criança exerce as funções que se desenvolvem, qualquer que seja o material que manipula. O importante aqui não é nem o material usado, nem o resultado da atividade, mas sim, o treinamento da função como tal (a prática da função)."[9] Tais observações nos parecem de muito valor, pois — insistiremos nisso mais adiante — não é apenas o jogo do bebê, mas o jogo da criança mais crescida que é totalmente voltado para o sujeito em detrimento do objeto. Até aqui não ultrapassamos o nível do jogo animal. Mas o pequeno ser humano não se detém aí, como se sabe. E isso se compreende facilmente. Admitimos, com .Groos, que o jogo tem o papel de exercitar as funções. Como se trata de funções formadas por antecipação nas tendências intuitivas, como a caça ao rato para o gato, o jogo só pode seguir essas funções, esposar estreitamente os limites de seu domínio. Há, portanto, no jogo funcional, algo de fixo e de estereotipado: pode-se também facilmente predizer a época em que aparecerá na criança normal o jogo que consiste em sacudir, ou o que consiste em bater. Mas a estrutura humana comporta funções muito mais amplas, o que torna impossível esboçar com antecedência as grandes linhas e delimitar a área. Como prever as atividades que vêm das funções criativas da inteligência? Como prever as atividades múltiplas pelas quais a personalidade do homem se afirma? Na realidade, trata-se aqui menos de verdadeiras funções dadas de uma vez por todas (pelo menos na sua estrutura virtual) do que de criações. Ademais, o jogo da criança vai apresentar uma variedade e uma imprevisibilidade que jamais se encontram no jogo mais ou menos mecânico do pequeno animal. Ao passo que os jogos dos animais dependem essencialmente da espécie e variam de uma espécie para outra, o jogo da criança depende, antes de mais nada, de uma personalidade flexível que se afirma de múltiplas maneiras através de novas atividades. Não se pode mais, nessa área, apelar para os instintos específicos a que correspondem os jogos funcionais dos animais; só é possível seguir as tentativas em todas as direções que faz um ser inteligente para afirmar seu próprio ser. Há portanto na atividade lúdica da criança algo de leve, de instável que o animal ignora; mas é justamente aí que se exprime a preeminência do homem, ser autônomo e criador. No jogo da criança de dois anos que dispõe os cubos à sua maneira, já se vê esboçar a reflexão futura do cidadão.

Mas não nos apressemos, e procuremos estudar, ainda que brevemente, a passagem pela qual a atividade funcional se transforma

---

9. Ch. Bühler, *From Birth to Maturity*, pp.78-80.

nessa atividade autônoma que dá ao jogo da criança seu traço particular.

Mesmo entre os animais superiores já se observam os jogos que M. Guillaume chama de jogos de experimentação; por exemplo, um cãozinho brinca com sua imagem no espelho, um macaquinho pode brincar com areia ou com o bafo que ele sopra na vidraça; mas esses são jogos excepcionais no animal, e seria difícil atribuir-lhes a significação que têm para a criança os "jogos com o novo". Esses jogos aparecem normalmente na criança aos quatro meses (Piaget), senão mais cedo (Ch. Bühler cita movimentos de exploração a partir do segundo mês). De início trata-se simplesmente de manter um resultado interessante; assim, a criança que por acaso provocou um resultado novo, como o de fazer soar um chocalho, repete seu gesto várias vezes; é o processo a que Baldwin chamou "reação circular". Depois vem um momento em que a novidade interessa por si mesma, pelo inusitado, ainda que não apresente, além disso, qualquer característica interessante. A partir de então, a criança procurará provocar o novo, variando mais ou menos seus gestos; ela terá chegado a uma espécie de experimentação das possibilidades que lhe oferecem os lados direito e esquerdo de seu corpo. O caráter da atividade muda, portanto: ao passo que no início era o resultado interessante, o prazer sensorial que comandava o gesto, agora, ao contrário, o prazer sensorial cede lugar ao prazer de um ato; o objeto ou antes a sensação interessante se dilui na atividade do sujeito. O que agrada à criança é menos o resultado em si mesmo do que o fato de que ela produziu esse resultado.

Aparece, então, uma atividade lúdica de um gênero novo, que o animal ignora completamente, e pela qual a criança afirma seus poderes, prova seu valor. É essa atividade lúdica essencialmente humana que nos interessa agora, unicamente, porque dela nascem todos os jogos posteriores. Mas, antes de analisá-la mais longamente, vejamos suas origens. Ela provém de uma atividade interessada (repetir um resultado interessante), mas não é mais voltada para o prazer sensorial que proporcionava esse resultado. Ela se separa, assim, do objeto que nada mais é do que uma ocasião a fim de obter um certo resultado, nada mais que um instrumento. Por isso é totalmente voltada para o sujeito, comporta-se como uma reflexão sobre si mesma: o que conta, para a criança que construiu uma torre com seus cubos, não é tanto a torre, mas sua edificação, a realização de uma obra sua. Sob esse aspecto, a atividade nova de jogo se aproxima dos jogos funcionais que também vêem no objeto apenas uma oportunidade. Pode-se mesmo considerar que eles são a continuação dos jogos funcionais. Mas o jogo funcional provém unicamente de uma necessidade de atividade: se o bebê grita, é por uma espécie de

18

impulso interno comparável à vontade que temos às vezes de bocejar; se movimenta as pernas, é por uma compulsão comparável àquela que nos leva às vezes a "esticar as pernas". Ao contrário, no jogo das crianças maiores, é preciso buscar o princípio da atividade lúdica não mais num impulso interno de tendências, mas numa necessidade mais ampla de se afirmar, de revelar seus poderes. Sem dúvida, não se podem separar completamente esses dois princípios do jogo, há continuidade entre eles; mas, ao passo que o princípio do jogo funcional consiste no impulso vindo de uma única função, o impulso que há no princípio do jogo propriamente humano vem de todo o ser e exprime todo o ser. Jogar não é mais, a partir de então, afirmar tal ou tal função nova, é afirmar-se a si mesmo por ocasião de tal ou tal atividade, ainda que essa atividade seja a de uma função recentemente surgida (o que se observará em certos jogos sexuais). Enquanto o ser dos jogos funcionais é um ser segmentário, feito de funções simplesmente justapostas e desconexas, o que joga um jogo humano é um ser uno (não mais uma soma) que tem sua personalidade e se concebe como único e singular. De tais considerações resumam, evidentemente, muitos problemas quanto à origem e à gênese da personalidade; mas não podemos abordá-los aqui.

Voltemos, portanto, ao jogo propriamente humano, que é o que nos interessa agora, para examiná-lo mais de perto. Para isso, poderemos daqui em diante usar todos os jogos da infância. E, analisando as características essenciais desses jogos, poderemos apontar qual é esse princípio motor cujo desenho apenas esboçamos até aqui.

Por que a criança brinca? Será para "se divertir", para alcançar um prazer sensual? De modo algum, ou são jogos de bebê que convencionamos deixar de lado, ou uma atividade séria que nada tem a ver com o jogo. E essas observações levam-nos a uma idéia importante: no fundo, o jogo do bebê e a atividade séria fonte de prazer sensorial (como chupar o dedo ou afagar o braço nu), são da mesma ordem; de uma parte e da outra, é o prazer sensual que comanda o ato. Trata-se, portanto, mais de uma atividade prática do que de uma atividade lúdica, e somos levados a ver nos chamados jogos do bebê apenas·pseudojogos. São chamados jogos porque dão origem aos verdadeiros jogos ulteriores, mas não procedem, absolutamente, do mesmo princípio. A analogia entre eles é, na verdade, superficial, residindo na forma exterior do ato que nos leva a estabelecer a confusão, não na essência da atividade, no seu princípio motor. O jogo funcional provém de uma necessidade sensual e dá origem a uma satisfação sensual; o bebê que tem necessidade de exercer suas cordas vocais goza desse exercício como, quando temos vontade de bocejar, gozamos o bocejo. Essa é uma atividade que visa a dar um resultado concreto e agradável, como toda atividade

19

prática. Tivemos, portanto, razão, ao pesquisar a natureza do jogo, de deixar de lado esses jogos do bebê. Não apenas eles ficam no nível animal, mas convém acrescentar que nesse nível não há jogo propriamente dito, mas apenas uma atividade prática mais ou menos variável em suas formas exteriores. O verdadeiro jogo é coisa bem diferente.

Para começar, ele tem um caráter sério para o que nem sempre se está atento. A criança, sobretudo em seus primeiros anos, gosta sempre de "fazer-se de boba", de "divertir-se", mas sente perfeitamente a diferença entre fazer-se de boba e brincar/jogar (entre o *fooling* e o *play*, dizem os ingleses). O jogo é sério, tendo quase sempre regras rígidas, incluindo fadigas e às vezes levando mesmo ao esgotamento. Não é um mero divertimento, é muito mais. A criança que brinca de médico se toma tão a sério que não admite zombarias. "Se você observa atentamente uma criança brincando", escreve com propriedade Lee, "creio que a primeira coisa que chamará sua atenção será a seriedade dela. Fazendo uma massa de areia, edificando com cubos, brincando de barco, de cavalo, de trenzinho, de soldado defendendo a pátria, você verá, observando seu rosto, que ela dá toda sua alma ao assunto em questão e é tão absorvida em tudo isso quanto você em suas pesquisas mais sérias. Ou se as bonecas estão doentes, e as crianças tomam sua temperatura, chamam o médico e administram remédios estranhos e terríveis que parecem sempre necessários nos casos de doença de bonecas, você constatará que são coisas sérias e que não há nada mais agressivo do que intervir com palavras impróprias ou irônicas." [10] É porque a criança pode chegar, sobretudo nos seus primeiros anos, a absorver-se tão bem no seu papel que ela se identifica momentaneamente com a personagem que representa. Discute-se a existência dessa ilusão do jogo, mas os exemplos são abundantes.[11] Citemos dois casos clássicos:

"Uma criança de três anos brinca de limpador de chaminés. Enquanto sua mãe dirige-se a ela para pentear-lhe os cabelos, ela se afasta e grita: Oh, não, mamãe, o cabelo do limpador está tão sujo que vai sujar seus dedos." [12]

"Uma criança de dois anos e meio, minha conhecida, ocupa-se, regularmente, em alimentar, com grãos imaginários, os pássaros do viveiro, também imaginários. Ela pede que se deixe aberta a porta do

---

10. Lee, *Play in Education*, p. 2.
11. Em nossa obra: *O Real e o Imaginário no Jogo Infantil*, apresentamos exemplos e tentamos demonstrar o mecanismo dessa ilusão. Mas não nos acontece identificarmo-nos com heróis de romance e chorar com eles?
12. Scupin, *Bubis Erste Kindheit*, p. 204.

cômodo onde os mantém; e se por acaso alguém a fecha, põe-se logo a chorar: os pobres patos e seus filhotes estão presos." [13]

Que se trata, aqui, de casos excepcionais, é certo. Mas se a crença na ilusão, a fusão total com a situação arbitrariamente imaginada é rara, não se pode negar sua existência. Lembra-me o choro convulso de uma criança da escola maternal que se dizia bicada por um brinquedo de madeira em que via um pato; não havia absolutamente nenhuma fenda na madeira. Por mais excepcional que seja uma confusão dessa ordem, ela testemunha amplamente a importância da atividade lúdica na consciência infantil. A criança que joga de fato não olha em torno de si como o jogador de baralho num café, mas mergulha fundo em seu jogo, porque ele é coisa séria.

Essa seriedade do jogo infantil é, entretanto, diferente daquela que consideramos, por oposição ao jogo, a vida séria. Para compreender a natureza do jogo infantil, é necessário, portanto, precisar essa atitude lúdica tão misteriosa e tão cheia de encantos. O problema não é, aliás, prerrogativa do jogo. A atitude estética, a atitude do sábio, mesmo aquela do homem que reflete, se aproximam extremamente da atitude lúdica, e isso não deve nos surpreender, já que admitimos ser o jogo a fonte comum de todas as atividades superiores. Por ora, deixando de lado a distinção entre a atitude lúdica e essas atitudes adjacentes, detenhamo-nos na descrição e na análise daquela primeira.

Que a seriedade do jogo implica um distanciamento do ambiente real é o que nos indicam bastante claramente os exemplos de ilusão que acabamos de citar. A criança parece esquecer o real e se tomar por um limpador de chaminés, já que se conhece como criança. O quadro concreto da vida familiar, tomado ele próprio num quadro mais amplo e social, desapareceu. A criança que se crê bicada por um pato, parece não ver a seu lado as demais crianças e as professoras da escola. Tudo se passa como se o jogo operasse um corte no mundo, destacando no ambiente o objeto lúdico para apagar todo o resto. Apenas o que está em primeiro plano na cena aparece nitidamente na consciência; o fundo se esfuma a ponto de, às vezes, desaparecer completamente, daí a ilusão. O jogo constitui, assim, um mundo à parte que não tem mais lugar no mundo dos adultos; é um outro universo. Não se vê mais que marionetes que desfilam em cena, e ignoram-se os artistas escondidos sob os disfarces. O teatro conservará algo dessa técnica de focalizar e apagar.

Mas destacar assim o mundo lúdico é também destacar-se a si mesmo. Eu estou no jogo, não estou mais no mundo dos adultos.

---

13. Mme. Necker de Saussure, *L'éducation Progressive*, p. 189.

Possuo, a partir desse momento, um mundo meu, onde posso exercer minha soberania: posso ser o Pai, o Mestre, o Rei. Esse enfoque desenha, assim, minha personalidade, dotando-a de uma característica marcante, e ao mesmo tempo conferindo-lhe novos poderes. Pelo jogo, cresço, escapando-me do domínio sob o qual eu nada mais era que um submisso. Sou o Ogro.[14]

Compreende-se, portanto, que o jogo pode, num de seus aspectos, ser evasão e compensação. O próprio adulto procura às vezes no jogo o esquecimento de seus problemas e uma grandeza ilusória. A aposta,[15] o bilhar, a caça são auxiliares de uma personalidade fraca, que se procura em vão no domínio das duras realidades sociais. A criança, reconhecendo-se pequena, tenta também se realizar no seu mundo lúdico.

Mas essa fuga do real nem sempre é evasão. O arquiteto que faz o planejamento de uma barragem foge também num mundo fictício; ele não poderia fazer um planejamento com pedras e betume, isso seria fazer a própria barragem. Retirando-se no seu gabinete de trabalho e trabalhando em seus desenhos, ele escapa à tirania do real, do terreno, das rochas, dos operários. Mas seu planejamento lhe garantirá um domínio maior sobre tudo aquilo de que, no momento, ele foge. Essa retirada nada mais é do que um artifício. O arquiteto afasta-se do terreno para voltar a ele mais tarde, como o gato, diante de um obstáculo que o separa do alimento desejado, abandona o alimento por algum tempo para voltar a ele, contornando a dificuldade. Nesses casos, o distanciamento é a característica do projeto. Todo projeto, com efeito, é, em primeiro lugar, distanciamento do mundo ambiente. Esse mundo ambiente, eu o projeto na imaginação, eu o realizo como idéia, mas abandono provisoriamente sua realidade concreta, afasto-me do terreno onde construirei uma barragem.

O jogo também participa dessa natureza do projeto. Brincar de mãe e filha é exercitar-se no plano imaginário para a realização concreta futura. O mundo do jogo é, então, uma antecipação do mundo das ocupações sérias. Pode-se objetar dizendo que a criança não vê tão longe, que o jogo não é um treinamento. Nós mesmos teríamos dito isso. Mas a experiência do jogo concretiza, de fato, um

---

14. Referência à figura mitológica do Ogro, muito comum nas histórias infantis tradicionais, especialmente nos contos de fadas franceses. É o monstro (ou mesmo homem) devorador de crianças, correspondendo ao "papão" (em Portugal) e ao "bicho-papão" (no Brasil). (N.T.)
15. No original, "P.M.U.", correspondendo a "Pari Mutuel Urbain" que se poderia traduzir por "Aposta legal urbana" que se aproxima, de certa forma, às nossas loterias e apostas em corridas e disputas em geral. (N.T.)

22

treinamento involuntário. O jogo prepara para a vida séria, como observou Groos. Pode-se conceber o jogo, portanto, como um artifício que conduz finalmente à vida séria, como um projeto de vida séria que esboça, por antecipação, essa vida. Através do jogo, a criança conquista essa autonomia, essa personalidade, e mesmo aqueles esquemas práticos necessários à vida adulta. Ela não as conquista em coisas concretas e pesadas para manipular, mas através de substitutos imaginários. Ela opera como o futuro aviador que se exercita primeiro numa situação simulada, antes de se arriscar a pilotar um avião real. O jogo é um artifício pela abstração: cozinhar pedras é uma conduta mais simples do que a da cozinha real, mas nessa conduta simples vai-se formando a futura cozinheira.

Não tendo a consciência do treinamento que de fato realiza, a criança tem consciência de desempenhar o papel do adulto no seu diminuto mundo lúdico. Copiando o adulto, assimila-se a ele; melhor ainda quando o mundo lúdico se destaca do mundo adulto, tornando toda comparação mais difícil. A criança pode representar o adulto porque ela está num outro mundo, diferente daquele do adulto, e no qual o adulto não pode intervir realmente. Se, como acreditamos, o jogo é todo ele comandado pelo desejo de "fazer" o adulto, ou pelo menos o grande, compreende-se que aquele distanciamento que a atitude lúdica opera seja indispensável ao jogo. É unicamente esse distanciamento que permite não se temer uma comparação — sempre desfavorável — entre a realização verdadeira no plano lúdico e o modelo do plano dos adultos. Pode-se ainda falar aqui de uma evasão, se se quiser, mas não é, absolutamente, a evasão que o adulto procura em seus jogos. É a evasão diante de uma comparação possível, nada mais.

Seria demasiado dizer ainda na maioria dos casos, pois, na verdade, o jogo infantil nem sempre é imitação do adulto. A atitude de distanciamento é, entretanto, sem dúvida, em parte, uma fuga diante da atitude zombeteira do adulto, mas esse aspecto é secundário (particularmente quando a criança brinca longe do adulto ou diante de adultos em quem confia). O aspecto principal é o criador. O distanciamento leva a criança a um mundo onde ela tem todo o poder, onde pode criar. Um mundo onde as regras do jogo têm um valor que não têm no mundo dos adultos. O distanciamento funciona como um juramento de obediência às regras tradicionais: "Quem joga, jurou", diz Alain; mas este é um juramento de esquecer o mundo da vida séria em que as regras lúdicas não valem. Por isso, o distanciamento surge voluntariamente.

É, de fato, de um distanciamento voluntário que se deve falar para as brincadeiras como as de competição ou de roda. E isso vai nos permitir compreender a verdadeira natureza do distanciamento desejado, escolhido. Sem dúvida parecerão exceção os jogos das crianças muito pequenas, nos quais a ilusão é intensa e como que vivida: parece que aqui a criança é como que desligada do ambiente involuntariamente, já que parece ignorá-lo de todo. E essas observações vão nos permitir agora abordar diretamente o problema essencial da atitude lúdica.

É uma atitude de má-fé, na medida em que quando jogo, recuso-me a ver o que realmente vejo. Essa vara não é vara, mas espada, esse risco que fiz no chão com o calcanhar, não é um risco, mas um muro. Dizer que há nisso apenas uma convenção seria insuficiente: o arquiteto também representa uma parede com um traço, mas para ele o traço continua um simples traço, um signo. Para o jogador, o traço deve ser considerado um muro, deve ser um muro. O companheiro que faz: Uh! deve *ser* um lobo. E acontece que, por essa atitude de má-fé, acabo por esquecer totalmente o que decidi descuidar: creio realmente que é um lobo, tenho medo e grito. Nunca um pintor, cujas representações são bem superiores, gritará de medo diante de uma pintura de um lobo. É que, para ele, o signo é apenas signo; se há também distanciamento na atitude estética, ele é de outra natureza, sem nenhuma má-fé, nenhuma tentativa de fazer desvanecer o real em proveito de sua simples representação.

Mas falar de uma atitude de má-fé não basta. Existem, de fato, atitudes de má-fé que nada têm a ver com o jogo. Trata-se, no caso, de uma atitude de má-fé de natureza muito particular. Pode-se estar de má-fé quando se recusa ver um determinado fato ou um aspecto particular de um dado problema. Se aceito de bom grado uma calúnia a um de meus amigos, estou de má-fé; mas essa atitude se caracteriza somente como um véu que atiro sobre certos fatos: sei que quem me contou a história não é muito digno de crédito, o próprio fato em si é inverossímil etc. No jogo, ao contrário, é sobre todo o universo que atiro um véu, exceto apenas para o domínio do jogo. Afasto de mim o mundo comum, o mundo dos adultos, o mundo do trabalho. Conservo apenas aquela pequena porção de universo que me interessa e que eu, de certa forma, recriei através de meus símbolos lúdicos. Quero ignorar por algum tempo esse mundo duro em que estou confinado, e como que submisso; coloco-me nesse outro mundo onde sou como um rei. O distanciamento é, portanto, nesse caso, mais amplo e também mais difícil.

"Sei muito bem que não é verdade; mas não quero que me digam isso", me confiou um dia um garotinho. Reconhece-se aí uma definição da má-fé. A criança quer se enganar a si mesma. Mas esse enganar-se não mais se limita a um ponto secundário. Ele comanda toda a ação, orienta toda a alma. O jogo, quando consegue realizar-se plenamente, corta então todos os elos entre o domínio lúdico e o universo: é o que acontece nos exemplos de ilusão citados anteriormente. Corte tão profundo que a criança chega a agir num outro mundo, a não saber mais quem ela é, a não reconhecer seus brinquedos como tais. Tudo se passa como se, pela atitude lúdica desses instantes, o mundo estivesse restrito a um domínio imediato, no qual pode brincar o arbítrio da imaginação. O controle que vem dos outros objetos, da situação na sua totalidade e das regras segundo as quais esse mundo se apresenta, se dilui até desaparecer. Esse quadro amplo do universo no qual nossas percepções estão estabelecidas e orientadas, e por isso tomam um significado, esse pano de fundo de todos os nossos pensamentos desaparece. Uma focalização excessiva da atenção deixa na sombra o contexto de meus atos e tudo o que não é presença imediata. O jogador secciona o universo; e é porque o secciona que pode dar um novo sentido aos objetos: o que é vara no mundo inteiro pode ser espada no domínio do jogo.

Compreende-se que tal atitude seja difícil e que raramente ela atinja a ilusão total. Quase sempre o jogador conserva a percepção do ambiente, sabe que joga e que, de repente, terá de fazer outra coisa. É por isso que durante uma partida de bilhar olhamos de vez em quando o relógio para não perdermos a hora do ônibus. Mas sempre, em todo jogo, subsiste a idéia de afastar o que não faz parte dele. Essa idéia pode ser menos ou mais firme, mas sem ela o jogo se dispersaria.

O apagamento do resto do mundo não pode, com efeito, bastar para caracterizar a atitude lúdica. Posso também, ao longo do meu trabalho, mergulhar-me tão profundamente numa tarefa que qualquer outro fator se anula. Minha atividade aproxima-se então da atividade lúdica, na medida em que me entrego a ela de corpo e alma, como se nada mais existisse no mundo. Mas não há, no caso, nenhuma má-fé, nenhuma decisão voluntária de esquecer o resto. Pelo contrário, sei que meu trabalho atual está ligado a todos os trabalhos do mundo e só tem sentido dentro dessa visão de conjunto.

O jogo só adquire sentido através da limitação do campo cognitivo vinda da atitude de má-fé. Fora dessa limitação, ele perde seu sentido, a vara não passa de uma vara e não uma espada. A seriedade do jogo tem então um significado completamente diferente da seriedade que me faz, no meu trabalho, esquecer o resto do mundo. É uma falsa seriedade, na medida em que ajo como se o jogo fosse uma coisa essencial, como se o mundo se reduzisse a meu jogo. É por minha própria iniciativa, e não pelo dever que exige que eu trabalhe, que apago o resto do mundo. Copio, no meu jogo, a seriedade do trabalho. O jogo é então calcado no trabalho, mas limitado a um domínio restrito e que, por isso, é insuficiente. É um pseudo--trabalho implicando uma pseudo-seriedade.

Não há a menor dúvida de que essa pseudo-seriedade não tem vigor. Deve-se dizer também que o jogo é sério, essa é sua característica essencial. E por essa sua seriedade ambígua, o jogo aproxima-se ao mesmo tempo do trabalho que ele copia através de sua aplicação e do sonho pela limitação do campo cognitivo. Ora o jogo tem características do trabalho, ora do sonho. O jogo transita entre a pura ficção do sonho e a realidade do trabalho. Ou antes, ele participa dos dois ao mesmo tempo; e às vezes acontece ser a um só tempo trabalho e sonho, como no caso da criança que cozinha seriamente. A seriedade do jogo não se revela, entretanto, nos jogos relacionados à existência real (amigos, bicicleta etc); ela se encontra igualmente nos jogos de ficção.

Com mais razão essa seriedade aparece em outros jogos. Quando a cirança brinca/joga/representa segundo regras abstratas, no jogo barras [16] por exemplo, sabe-se como o jogo represa toda a atenção apaixonada da criança e mobiliza todas as suas forças. As regras podem ser simples prescrições abstratas; desde que se brinca/joga, elas são absolutamente imperativas e não se pode modificá-las à vontade. Há aí uma seriedade que não se dirige no mesmo sentido que a da atividade prática. Se a atividade prática é séria, é em razão dos resultados concretos que traz, salário, legumes etc. Ao contrário, a seriedade do jogo infantil nada tem a ver com tais considerações. Ela procede de outra fonte. Não vem do objeto, da situação: patrão que controla o trabalho, horta. Não vem de interesses vitais: necessidade de comer. Não, ela tem uma fonte mais nobre. Se a criança é séria, é que, por meio de suas conquistas no jogo, ela afirma seu ser, proclama seu poder e sua autonomia.

Há, no mundo dos jogos infantis, um campo privilegiado em que aparece nitidamente esse motor essencial da atividade lúdica; é o domínio dos jogos ascéticos. Como explicar que as crianças gostem de se beliscar, se morder, se picar com agulhas, se puxar os cabelos e orelhas, se fartar de bebidas repugnantes ou de comidas intragáveis, se torturar olhando para o sol, equilibrando-se num pé só, prendendo a respiração, pressionando um dente doente, arrancando

---

16. No original, "jeu de barres". As obras consultadas, assim como as pessoas, só nos informaram tratar-se de brinquedo em que as crianças correm. Acreditamos ser aproximadamente a brincadeira que em nossa infância chamávamos de "barra-manteiga" e que consistia no seguinte: algumas crianças encostavam-se numa parede, com as mãos estendidas, as palmas para baixo. Uma outra ia batendo-lhes as costas das mãos; aquela que recebia a batida na palma, ao invés de nas costas da mão, deveria correr atrás da primeira até alcançá-la. Enquanto batia nas mãos dos participantes, a criança ia falando: "Barra-manteiga tirada da areia, tirada da mão do(a)... fulano(a)." Falando o nome, batia-se na palma e corria-se, fugindo à perseguição. Nas demais aparições desse jogo, optamos por "barras" simplesmente. (N.T.)

26

a casca de uma ferida? Tais atitudes são entretanto freqüentes, e quase sempre são praticadas em público até a adolescência. E os adolescentes se mortificam freqüentemente em práticas mais dolorosas ainda: que se pense no orgulho que os estudantes prussianos tinham de suas cicatrizes no rosto e que se leia, numa obra especializada, as relações das torturas sofridas, com uma paciência surpreendente, pelos jovens selvagens nas cerimônias de iniciação! Mas esse ascetismo adolescente, muito conhecido (e que se reencontra em certos trotes das universidades), pode nos indicar o caminho de uma explicação. Se o jovem selvagem sofre sem se queixar das torturas após o que será considerado homem, está claro que é unicamente por orgulho de si mesmo. Não acontece o mesmo com nossas crianças? Não é para provar a força de vontade e a valentia que elas se torturam? Atrás desses jogos ascéticos é preciso entrever o sentimento humano de sua dignidade e mesmo seu orgulho. A presença de um público só pode atribuir mais valor à prova.

Se o jogo é sério e pode ir até o ascetismo, é porque ele envolve o ser como um todo, pois é uma manifestação da personalidade total. Melhor dizendo: o jogo é antes de mais nada uma prova. E é por isso que a criança procura um público e se glorifica com todas as suas conquistas. Sabe-se como a criança gosta de contar aos adultos, nos seus primeiros anos, os pequenos feitos de que ela se orgulha; ela tem uma incoercível vaidade infantil que chega a cansar o adulto. "Eu, eu sou de Paris", diz um garoto de 5 anos. "E eu tenho calças", responde um outro. Mas o jogo é uma oportunidade bem mais fértil para contar vantagens, e isso desde a mais tenra idade:

Ma, 5 anos e 3 meses: "Eu também posso fazer isso. Posso fazer um trem e qualquer coisa mais."

Le, 3 anos e 8 meses (falando sozinho, num jogo de construção): "Quem consegue fazer isso? Eu consigo." [17]

Esse desejo de se fazer valer manifesta-se já nas caretas do bebê. Com mais razão ainda, encontramos esse desejo nas crianças da escola primária. Naquele período que nós chamamos de terceira infância, de 6/7 anos a 10/11, as brincadeiras de valentia ocupam lugar de destaque: saltar mais longe, jogar uma pedra mais longe ou mais alto, suportar por mais tempo um sofrimento etc. Tais jogos são provas e todo seu valor vem desse fato. Um dos mais notáveis é o brinquedo da competição, cujo apogeu se situa mais ou menos

---

17. "A criança, escreve Ch. Bühler, acha bom tudo o que faz, melhor de tudo o que foi feito por qualquer outra pessoa." E exemplifica: "Raimundo, 6 anos e meio, acidentalmente prende o pé num buraco de uma barra de aço e grita triunfante: 'Ninguém mais consegue fazer isso; eu sou o único capaz de fazer isso!' " (*From Birth to Maturity*, pp. 124 e 126.)

nos 11 anos. A competição nessa idade não é absolutamente uma mera briga, como a das crianças da escola maternal e a dos animais (quando ainda não caçam). É, como mostrou Bovet, um verdadeiro torneio. Ela começa por desafios, que se tornam mais importantes à medida que o público dos pares competidores assiste a competição, aprecia as provas, e age como juiz. Se as crianças lutam, é menos, freqüentemente, por raiva do que porque não podem fazer feio e recuar. Nessa batalha, a hostilidade pode ser mínima, ou até nula, e os dois adversários não lutam para se machucarem, mas para se testarem mutuamente; o que conta, então, é menos os golpes que *ele* recebe do que os que *eu* dou, menos os golpes que *ele* dá que aqueles que *eu* recebo; a luta de que participo não tem por objetivo machucar o outro, mas subjugá-lo, provar minha superioridade, expressar-me. Compreende-se daí que tais lutas podem, como os torneios, comportar regras estritas; não se luta de qualquer jeito; algumas vezes até, antes do começo da luta, elegem-se os golpes que serão permitidos e os que serão proibidos. Acontece até que o lugar do combate seja escolhido por simples tradição: um lugar no pátio, um jardim público. Não se trata de uma briga a travar, mas de um encontro de dois esportistas diante de um público.

Mas esse significado da luta não impede que ela seja às vezes violenta; após o embate, os dois adversários que se cumprimentam com um aperto de mão podem muito bem estar com o nariz sangrando ou com o olho inchado. As lutas entre grupos, também tradicionais (entre crianças de dois bairros ou de duas cidades vizinhas, entre externos e internos, entre duas classes do colégio), podem ser mais duras ainda; mas não há, necessariamente por isso, animosidade entre os adversários que podem muito bem, em alguns segundos, constituir uma frente comum contra um terceiro, uma autoridade ou outra turma.

Ascetismo, jogos de valentia, luta, nos levam então sempre à mesma conclusão: a criança procura no jogo uma oportunidade de afirmação de seu *eu*. O prazer próprio do jogo não é, portanto, um prazer sensorial, mas um prazer propriamente moral. Não se deve, entretanto, crer que esse prazer moral que a criança alcança em suas conquistas nos jogos seja comparável ao orgulho de um artista ou de um bom artesão. Sem dúvida, artista e artesão gozam, com suas obras, uma satisfação comparável à da criança que brinca. O artista que trabalha pela arte, o artesão que fazia outrora uma obra-prima sem nenhum outro interesse pessoal têm uma atitude análoga à atitude lúdica; a seriedade com que eles encaram sua atividade é a mesma do jogo infantil. Mas o orgulho do artista ou do artesão é durável; toda sua vida este poderá se vangloriar de sua obra-prima, ou aquele de suas obras particularmente notáveis. Ao contrário, a vaidade infantil raramente vai além dos limites da duração do jogo. A prova do jogo vale apenas no momento da realização e é preciso recomeçá-la, é preciso jogar outra partida. A criança não tem ainda suficientemente desenvolvido o sentido do tempo para poder satisfazer-se com conquistas passadas e logo esquecidas. Sua vaidade de jovem é, aliás, muito forte para deixar de procurar sempre novas razões para se gabar. Porque se sente pequena, porque se sente fraca, porque a grandeza dos adultos a esmaga, a criança tem necessidade de um eterno encorajamento. Porque toda sua alma lhe faz ambicionar os poderes do adulto, ela precisa, sem demora, crescer. E de que outra maneira este ser, a quem não se pode ainda confiar nenhum trabalho, poderia crescer, senão por meio dessa atividade arbitrária que é o jogo?

O jogo representa, então, para a criança o papel que o trabalho representa para o adulto. Como o adulto se sente forte por suas obras, a criança sente-se crescer com suas proezas lúdicas. Um homem feito procura provar a si mesmo, e aos outros, seu próprio valor por um resultado real: obra artística, lucros de comerciante, construção de casa, filhos bem criados; o aposentado que perdeu o trabalho pelo qual afirmava seu lugar na sociedade humana, seu valor social, procura um substituto desse trabalho no cuidado de seu jardim. A criança, colocada à margem dos trabalhos reais e sociais, acha um substituto no jogo. Daí a importância primordial do jogo de nossas crianças. Uma criança que não quer brincar/jogar, é uma criança cuja personalidade não se afirma, que se contenta com ser pequena e fraca, um ser sem determinação, sem futuro.

Parece-nos ter agora fixado suficientemente o princípio motor do jogo infantil. Sem dúvida o jogo da criança é um exercício como o jogo animal, mas no espírito da criança que brinca/joga, é antes de mais nada uma prova de sua personalidade e uma afirmação de si. Com a aparição, no homem, da representação, o jogo muda de aspecto, tornando-se intencional, assumindo uma finalidade consciente. Ele não resulta apenas de um impulso de tendências, mas de um impulso de todo o ser, de todo o ser consciente e já voluntário. A história do jogo da criança é, portanto, a história da personalidade que se desenvolve e da vontade que se conquista aos poucos. O princípio do jogo não está atrás, num impulso funcional, passou para a frente, num fim a realizar, numa grandeza a atingir. Ele não é somente função de um passado que projeta atos novos à sua frente, mas — e sobretudo — de um futuro que é desejado, almejado, e por isso mesmo conquistado lentamente.

Mas, dirão, não se está esquecendo o papel da evasão, do relaxamento, da distração cuja importância no jogo é difícil negar? Não podemos desconsiderar tais críticas. Tentaremos mostrar a parte respectiva desses fatores no jogo da criança.

Que não se pode explicar o jogo da criança pelo relaxamento, isso é bastante evidente. Quem fala em relaxamento subentende com isso um trabalho do qual se descansa. Mas qual é o trabalho que cansaria uma criança de três anos (ou um filhote de animal)? O jogo-relaxamento só interessa ao adulto: o tênis pode ser jogo para o intelectual ou o comerciante, como a jardinagem é para alguns um verdadeiro jogo. Em todos esses casos, o adulto descansa de uma atividade de um gênero diferente, desempenhando outras funções. É, aliás, duvidoso que o relaxamento baste para justificar o jogo do adulto; é preciso ainda, já o dissemos anteriormente, que a atividade lúdica possa apresentar uma atração desinteressada; como o jogo da criança, o do adulto procura uma conquista. Por razão mais forte, o relaxamento só pode intervir no jogo da criança como um fator secundário. Não se pode negar que a recreação relaxa a criança do trabalho da escola; mas, se ela brinca durante o recreio, não é apenas com o fim de se relaxar. Esse é um resultado acessório, ainda que devamos considerá-lo nos planejamentos escolares.

Após o desenvolvimento da teoria psicanalítica tem-se apelado, com freqüência, ao explicar o jogo, para os fenômenos de derivação e de compensação. Inúmeras tendências são inibidas em nós pelo meio em que vivemos. Às vezes o trabalho não nos deixa tempo para satisfazê-las plenamente. Com maior freqüência ainda, é a consciência moral, herdada do meio social que as bloqueia. Acontece até não termos nenhuma consciência dessas tendências, tanto elas foram inibidas. Mas inibir uma tendência não é, de modo algum, extingui-la inteiramente; ela sobrevive no nosso inconsciente e procura vir à tona por uma atividade adequada. Como o sonho, o jogo é para os psicanalistas um dos caminhos pelos quais essas tendências inibidas encontram uma válvula de escape. "Jogando, a criança se revela inteiramente, em toda sua espontaneidade. Jogando, ela não sabe esconder nada dos sentimentos que a animan." [18] O jogo expressa, então, mais ou menos claramente uma tendência inibida. Quando uma criança guarda num estojo imaginário todos os objetos que lhe são negados, o sentido desse jogo é claro. Quando uma criança inventa uma história brincando com marionetes, é preciso interpretar essa história.[19]

Não se pode negar a interferência, em inúmeros jogos, de tendências que, à primeira vista, têm pouco a ver com esses jogos. Mas nem sempre é necessário que essas tendências sejam inibidas ou blo-

---

18. Mlle. Rambert, *La Vie Affective et Morale de l'Enfant*, p. 16.

19. Lehman e Witty constataram, na América, que "as crianças negras brincavam de 'escola' com mais freqüência que suas colegas brancas, o que se explicaria por sua necessidade de compensar a condição inferior em que se encontram". (Claparède, *L'éducation Fonctionelle*, p. 94, nota).

queadas. Quando uma criança que quebrou seu relógio brinca de possuir um relógio invisível, vê-se claramente a tendência que entra em jogo. Quando crianças contam histórias de índios nas quais elas desempenham o papel principal, há aí bastante clareza. Há exemplos tão claros que não se pode sempre dar razão à teoria psicanalítica. Mas se o jogo exprime certas tendências subjetivas, se serve às vezes de fuga, de meio de evasão, se permite a liberação de desejos intensos, não se pode reduzir seu papel a essa única atividade. Não se deve pensar que uma criança morda seu braço para se punir mais ou menos inconscientemente por uma falta cometida: basta pensar no orgulho que a criança sente com sua resistência. O princípio do jogo de pular corda reside em primeiro lugar no desenvolvimento de uma destreza física, e o jogo de adivinhar tem seu valor na flexibilidade mental e não em tendências inibidas. É muito delicado e perigoso querer encontrar motivos escondidos onde freqüentemente eles são claros e conscientes. Arrisca-se facilmente a se pôr a romancear sobre o jogo infantil ao invés de proceder à sua descrição.

Dito isso, deve-se reconhecer que se o jogo é antes de tudo — e sempre — um teste da personalidade, ele pode às vezes parecer válvula de escape, dando vazão a tendências represadas. Isso é quase sempre verdade para o jogo fictício em que a criança imita e inventa personagens. A criança procede então como escritores que põem em seu personagem o que queriam ter sido. Mas, nos outros tipos de jogo, não apenas essa interpretação é insuficiente, mas ela é quase sempre abusiva.

Uma outra idéia muito difundida, após Stanley Hall, na interpretação do jogo infantil, é a da *recapitulação*. As teorias de Darwin tinham levado a considerar que o embrião humano passava por todas as etapas pelas quais passou o reino animal que, a partir dos seres vivos mais primitivos, se desenvolveu até chegar ao homem; a vida embrionária seria assim uma recapitulação da vida da espécie (lei biogenética fundamental de Haeckel). Aplicando essa idéia à criança, pensou-se que sua atividade lúdica fosse uma recapitulação da atividade da humanidade primitiva: assim os jogos de caça, depois de ter tido seu grande momento entre 6 e 9 anos, cedem lugar pouco a pouco aos jogos sociais, como a humanidade passou de uma civilização caçadora a uma civilização fundada nos Estados organizados. Essa teoria (e existem muitas variantes) apóia-se em analogias incontestáveis. Mas, além de sua base, a lei biogenética fundamental de Haeckel, hoje muito discutida, só pode ser admitida com muitas restrições; pode-se contestar sua extensão para o jogo infantil, jogo voluntário e consciente, de uma lei puramente fisiológica. Não faltam atividades lúdicas contrárias a essa teoria: como a criancinha viria a imitar o trem, as máquinas, o fuzil? A que poderiam corresponder jogos tão arbitrários como o de pular corda, o de barras (de origem recente), o de xadrez? Se há analogias entre o desenvolvimento dos jogos infantis e o desenvolvimento das atividades humanas, a causa disso é simplesmente que as diversas funções humanas não podem desenvolver-se numa ordem qualquer. Como é preciso saber andar antes de correr, falar antes de cantar, é preciso que as atividades que correspondem à caça precedam as atividades sociais mais complexas.

Antes de terminar essa introdução, resta-nos estabelecer, a partir de nossas análises, uma distinção nítida entre o jogo da criança e o do adulto.

O jogo do adulto, já dissemos, tem muitas vezes como origem a procura de um relaxamento. Mas não é sempre assim. Freqüentemente também joga-se apenas para "se ocupar", para passar o tempo, porque não se sabe o que fazer. É assim que se joga num navio ou num hotel de montanha em tempo de chuva. O jogo é então um remédio contra o tédio; é aquele divertimento de que falava Pascal. É a única ocupação do desocupado, do ocioso, como do senhor de outrora para quem a guerra era tão jogo quanto a corte. Há nesse jogo do adulto algo de negativo; ele não tem seu princípio em si mesmo; é um remédio contra o tédio ou contra a fadiga. Ao contrário, o jogo da criança tem seu fim em si mesmo, na afirmação do *eu*. Vê-se também que os jogos adultos são muitas vezes jogos tristes. Que se compare a atmosfera ruidosa e animada dos pátios de recreação de nossas escolas com a atmosfera que circunda os jogadores debruçados sobre a roleta, ou a dos bailes de sociedade onde se descobre a vaziez triste e tediosa do mundo. Pelo fato de existir somente a título de remédio e contra alguma coisa, o jogo adulto encerra geralmente um desagradável gosto amargo.

Acontece, entretanto, que esse jogo adulto se anima e reencontramos nele a alegria de nossa infância. É que então voltamos, na verdade, à nossa infância, não jogamos mais para nos relaxar, esquecemos que tínhamos decidido jogar para descansar e nos deixamos levar em busca de uma conquista. Queremos ganhar, mostrar nossa superioridade. Não jogamos bridge apenas para suprimir a necessidade de uma conversação difícil e de dar uma desculpa aos convidados para ficar ainda algum tempo em nossa casa; nós nos deixamos ir, às vezes mesmo contra o bom-tom, querendo provar nosso conhecimento e nossa habilidade. Damos ao jogo adulto o caráter do jogo infantil, esse caráter que, abandonando o jogo envelhecido, reduziu-se à atividade esportiva; nós transformamos o jogo adulto em esporte.

O jogo adulto torna-se, assim, um meio termo entre a simples ocupação e o esporte, entre a tristeza e a alegria. É uma atividade bastarda que pode assumir aspectos diversos, de acordo com a nossa

32

atitude. Ao contrário, o jogo infantil tem apenas um aspecto porque só tem um princípio, e esse princípio só pode resultar em alegria.

Se se quiser encontrar na vida adulta um equivalente do jogo infantil, sem dúvida não será no jogo adulto que se deverá procurar, mas nas atividades a um tempo gratuitas e sérias como o jogo infantil. Ao passo que o jogo adulto carece de seriedade, porque é uma atividade secundária que tem seu objetivo fora de si mesma, uma atividade como a arte, igualmente gratuita, pode encontrar seu fim em si mesma, na expressão da personalidade do artista. É possível também aproximar do jogo da criança a ciência e o esporte. Voltaremos a isso mais adiante e apontaremos as diferenças que separam do jogo da criança essas atividades que têm nele a sua origem.

Mas resta uma espécie de atividade adulta que é idêntica ao jogo infantil. É a que empreendemos por puro prazer, em vista de um simples sucesso, sem nenhuma preocupação nem da obra de arte, nem de descobertas científicas, nem de treinamento. Nesse sentido, a maior parte das atividades novas podem ser como jogos para nós. Começando a desempenhá-las, sentimos um crescimento do nosso ser, nos afirmamos de uma nova maneira. Quer se trate de cultivar flores, de pescar, de aprender datilografia, ou de dirigir um automóvel, diante de tais atividades nós nos encontramos no estado da criança que começa a empilhar seus cubos para construir uma torre. Sentimos brotar em nós a frescura e o vigor das plantas novas, parece-nos que sobe ainda uma seiva rica e que nosso ser cresce em força e em mérito.

CAPÍTULO I

O JOGO E O OUTRO

A. — O apelo do mais velho

A criança, escreveu um dia Alain, é "excluída do círculo dos trabalhos reais". Essa é uma dessas idéias simples de que constantemente nos esquecemos. É por ser estranha ao mundo do trabalho que a criança se afirma através do jogo. É preciso então ver no jogo como que um substituto do trabalho futuro que ele anuncia e prepara. Pensa-se às vezes que a criança não gosta de trabalhar; essa é uma afirmação tão perigosa quanto errônea. O que a criança não aprecia é o trabalho forçado e sem finalidade visível; não lhe agrada despender suas energias sem tirar um proveito. Mas nisso ela não se diferencia do adulto; a diferença essencial é que o adulto vê mais amplo e mais longe; o trabalho que parece inútil à criança tem muitas vezes, para o adulto, uma significação, e daí, um valor. Deixando de lado esses trabalhos parciais, parcelados, cuja finalidade a criança não pode ver porque eles não completam de imediato uma obra, mas são apenas uma parcela de um trabalho mais amplo, podemos mostrar na criança um gosto pelo trabalho.

É bem sabido que as crianças gostam muito de ajudar a mãe ou o pai. Por volta de 5 ou 6 anos, para uma criança normal não há alegria maior do que a de substituir por algum tempo o adulto em seu trabalho. É muito divertido ninar a boneca, mas fazer a irmãzinha dormir apresenta muitos outros atrativos. Sabe-se do orgulho do pequeno que tem o seu jardim e o cultiva como o seu pai; sabe-se que alegria pode acompanhar o brotar das primeiras folhas de feijão. Os métodos ativos de educação têm aproveitado com freqüência essa tendência; isso aparece particularmente no método Decroly em que se dão às crianças tarefas a realizar na fazenda: alimentar os coelhos etc. Participar das tarefas adultas é o sonho de toda criança.

Daí aqueles ensaios de obra real que as crianças realizam sobretudo a partir dos dez anos. A construção de uma cabana no mato ou no jardim dá à criança a impressão de rivalizar com os adultos. Saber fazer um assovio, ou um barco — especialmente um barco que navegue sozinho, a velas ou alguma miniatura de motor (por exemplo, um motor de reação feito com uma tampa de caixinha cheia de óleo sobre o qual esquenta-se uma casca de ovo esvaziada e depois cheia de água: o vapor ao escapar impulsiona a frágil embarcação) —, conseguir manipular um arco ou um estilingue, eis atividades que, por seu lado prático (e até mesmo poético), são fonte das maiores alegrias. A criança se compraz nisso e procura aperfeiçoar sua obra. Lembra-me ainda as discussões e as tentativas que, pequeno camponês, tinha com meus pares a respeito da construção de arcos; havia madeiras particularmente apropriadas para isso em razão de sua flexibilidade, e alguns de nós acreditavam ser o *morprun*, outros o *sanghien* (ignoro ainda os nomes verdadeiros dessas madeiras); uma delas era mais difícil de curvar, mas mais resistente, a outra, mais flexível, quebrava mais depressa. A preparação das flechas dava assim margem a invenções individuais, mas respeitava uma certa tradição (natureza da madeira). E, com esses arcos, pretendíamos ser rivais dos grandes caçadores do país.

O gosto da criança pela caça ou pela pesca, bem longe, como diz Stanley Hall, de provir de instintos ancestrais, explica-se da mesma maneira. Incapaz de participar do trabalho adulto, a criança logo percebe que suas tentativas laboriosas são infrutíferas e mal recebidas pelos adultos: seus dedos são muito escorregadios para as louças, seu espírito muito impaciente para a jardinagem (e ela arranca as sementes para ver se germinaram), sua força muito limitada para a maior parte dos trabalhos masculinos, sua habilidade muito rudimentar para os trabalhos femininos. Assim ela aos poucos procura participar do trabalho adulto e os pais observam: quando as crianças eram menores, queriam sempre ajudar; agora não. Sem dúvida, abandonando suas primeiras ilusões, a criança compreende que todo trabalho que lhe é permitido pelos adultos é uma tarefa menor, ela é vigiada de perto; não se lhe dá autonomia; não pode "fazer sozinha", o que é o sonho de toda criança. Conseqüentemente, de que atividade adulta a criança pode participar senão daquelas que são marginais ao trabalho, como a caça e a pesca? Das atividades adultas são as únicas que lhe são permitidas plenamente, as únicas sobre as quais ela pode dizer: pesquei um peixe tão grande como o do papai, ou: cacei um pássaro que vai para a panela.

Essas considerações sobre o gosto da criança pelas tarefas adultas nos permitirão compreender melhor uma idéia essencial: o maior sonho da criança é ser adulto. O jogo da criança, como toda a sua atividade, é comandado pela grande sombra do mais velho.

Vimos que a finalidade do jogo devia ser buscada na afirmação do *eu*. Mas como afirmar esse *eu*? Não basta que a criança sinta a possibilidade de um crescimento, experimente o apelo de uma transcendência que a domina. Tal apelo é muito vago, muito impreciso, muito abstrato. Ele só pode convir a um adulto e assim mesmo a um adulto bem dotado. Um misticismo que não delineia com precisão a natureza do ser superior, mas que, entretanto, se esforça em direção a ele, que luta para elevar-se, não pode ser, certamente, um misticismo de criança. Como a maior parte dos homens, e mais ainda do que eles, a criança tem necessidade de modelos concretos. Para ela, o deus desconhecido deve ceder lugar aos heróis e aos santos bem próximos dela. E onde encontrar esses modelos a copiar senão nos adultos sempre presentes, sempre mais sábios, sempre mais fortes, sempre melhores? Os adultos, e mais genericamente os mais velhos, são os deuses que a criança adora, aqueles em cuja direção ela quer se elevar, aqueles a quem ela copia em todos os seus atos.

Estuda-se muito freqüentemente a criança sem levar em conta essa figura grandiosa do pai que permanece no horizonte de seus pensamentos. Encara-se quase sempre o pai como um simples adulto igual aos demais, só que mais próximo, e cuja vontade condiciona a vida infantil. É esquecer a lenda em favor da história imparcial, ao passo que, como diz Valéry, a lenda é mais verdadeira do que a história. O que conta mais de um herói ou de um santo na história da civilização é menos o que eles foram (homens como nós, cheios de hesitações e pecados) do que o que se viu neles. O verdadeiro *Napoleão* é menos o apaixonado por *Marie Waleswska* (e outras) do que o *Napoleão* de Béranger; o *Jesus* histórico não explica, por si só, o poder da figura do Cristo (e poder-se-ia dizer o mesmo de todos os fundadores de religião). Querendo de fato compreender o papel do pai no desenvolvimento psicológico da criança, é preciso também reencontrar o Pai tal como ele é na alma infantil, e este Pai ultrapassa de maneira fantástica o pai real e histórico. Uma criança de 5 anos crê que seu pai é mais velho que seu avô, e até mais velho que Deus; uma menina crê que seu pai pode produzir tanto a neblina e as nuvens quanto a fumaça de seu cachimbo; uma outra é surpreendida ao saber que seu pai não pode fazer moedas de prata. "Eu acreditava", diz Gosse, "que meu pai sabia tudo e via tudo". E A. France pintou bem essa confiança infantil: "Eu representava meu pai, minha mãe e minha babá como gigantes muito ternos, testemunhas dos primeiros dias do mundo, imutáveis, eternos, únicos na sua espécie. Tinha certeza de que saberiam me proteger de todo mal, e sentia-me junto deles em total segurança." [1]

A infância como um todo e, por conseguinte, sua atividade espontânea e essencial, o jogo, só tomam sentido nessa perspectiva. Não

---

1. *Le livre de mon ami.*

há necessidade de apelar para fatores ocultos e complexos inconscientes, já que a finalidade almejada pela criança salta aos olhos. A criança deseja ser uma pessoa grande; "a característica da criança", diz muito bem Claparède, "não é portanto ser um insuficiente, mas ser um candidato".[2] Toda a infância é sustentada, impulsionada pelo apelo do mais velho.

Também o jogo depende, ainda que indiretamente, da atividade adulta. Por não poder trabalhar com o adulto, a criança vai primeiramente imitar suas atividades. É por isso que nos jogos de imitação tão freqüentes entre três e sete anos, as cenas imitadas são quase unicamente as da vida adulta. Brinca-se de mãe e filha, de professora, de vendedora. Imita-se um ou outro adulto da cidade ou do bairro, toma-se o cuidado de repetir suas frases costumeiras, de copiar seus gestos e até seus tiques. O mundo do jogo torna-se uma cópia insípida — e aliás mais ou menos inexata — do mundo adulto. Assistimos nesse caso a uma derivação de tendências, como dizem os psicanalistas; a criança realiza, pela imitação, o que ela queria ser na realidade. Mas não se trata tanto de desejos ocultos, mas da tendência muito forte que impele a criança em direção ao adulto em geral, e mais especificamente em direção àqueles adultos com quem ela tem contato diário (aquela tendência que a faz dizer: "Quando eu for grande...", "Quando eu for casada...").

À mesma época a criança busca o contato com o adulto. Ela o aceita facilmente em suas brincadeiras; chama-o, puxando-o pela manga. Ela compreende ainda mal que o mundo do adulto difere de seu próprio mundo, que o adulto tem afazeres mais importantes do que balançar numa gangorra ou empilhar cubos; parece-lhe que o adulto, apesar de sua superioridade, nada mais é do que uma criança grande. É a idade da confiança e da graça.

Daí também a importância atribuída a essa idade pelo adulto. Mas sabe-se com que rapidez, por volta dos 6 ou 7 anos, o sorriso infantil se apaga e o rosto se fecha diante da intromissão adulta. É que a criança, graças a muitas experiências, graças também e sobretudo a uma compreensão mais justa, percebeu o abismo que a separa do adulto. Ela sabe que não se pode falar de tudo com o adulto, que ele tem segredos (e até mente para ela às vezes) e trabalhos que lhe são próprios. É forçoso para ela, criança, reconhecer o seu lugar, incapaz de viver no nível do adulto. Ela se recolhe em sua concha, esconde-se.

Ademais, na idade que se segue, vêem-se aos poucos as imitações dos adultos cederem lugar a outras: cães, ursos, trens, carros etc.

---

2. *Psychologie de l'Enfant*, p. 166.

Os animais e as coisas inanimadas preenchem o lugar liberado pelos adultos.[3] Assiste-se assim, após uma diminuição dos jogos de imitação, a uma renovação desses jogos, mas eles mudaram de sentido. A criança se reconhece à margem da vida adulta, não se deixa enganar mais com Papai Noel, sabe que são apenas contos para pequenos como ela. É nessa época também que a criança procura voluntariamente a solidão, nessa época que sua timidez atinge o auge (e para compensar, sua vaidade também).

A partir de então, é difícil para ela tomar como modelo um ideal tão distante quanto o do adulto. É forçoso ser menos ambiciosa. Se, em seus devaneios, nas histórias que inventa por brincadeira, ela se atribui ainda o papel de herói, se ela é então o Grande Índio, nada mais é do que para compensar a pequenez que deplora em si mesma; ela não se ilude jamais, absolutamente. Só anseia pelo momento de ser como o grande, o mais velho que ela, o rapazinho ou a mocinha de 10 ou 12 anos que pode já fazer tanta coisa. O irmão mais velho vai substituir o Pai.

Daí resultam jogos especiais. Jogos solitários a princípio. Jogos de devaneios, de que acabamos de falar, em primeiro lugar. É por essa idade que começam sempre as histórias inventadas pelas crianças e que, em certos casos, continuam até a adolescência. A criança cria, na sua totalidade, (pensa ela) tendo como modelo sua família em geral, heróis mais ou menos monstruosos; chega mesmo a desempenhar um papel nesse mundo imaginário. Voltaremos mais adiante a esse assunto curioso. Na mesma idade é o início de linguagens secretas, como o célebre "javanês".[4] Essa linguagem secreta testemunha uma fuga do mundo adulto; por meio dela, a criança, escapando desse mundo que vê nela um pirralho, constrói seu mundo à parte: ali está seu paraíso secreto onde só têm acesso os iniciados. E são poucos os que conhecem essa linguagem, quase só o irmão ou a irmã.

Mas esses jogos solitários não têm apenas um lado negativo. eles não são apenas fuga. Por seu lado positivo, testemunham uma conquista. Essa linguagem secreta é a *minha,* sou eu, e quase só eu. quem sabe usá-la; através dela eu mostro, por minha vez, uma superioridade sobre os adultos, é minha desforra sobre eles. Quando eu tinha meus treze ou quatorze anos, consegui estabelecer com um de meus colegas prediletos uma linguagem de sinais que ainda uso

---

3. Ver nossa obra: *Le Jeu de l'Enfant,* pp. 172-173.
4. É comum as crianças desenvolverem a habilidade de comunicação numa língua que inventam. A língua do P é um exemplo disso. Já ouvimos também linguagens interessantes nesse sentido, pela inversão das sílabas de cada palavra e pelo deslocamento do acento tônico. (N.T.)

facilmente e que servia para nossa comunicação secreta, estando cada um num extremo da sala de aulas. Mas essa linguagem só aparentemente tinha um fim prático: nunca era usada para conferirmos nossos deveres (não éramos do mesmo grupo de trabalho). O prazer que tínhamos em falar assim se ligava menos ao fato de que tínhamos uma possibilidade de trocar comunicações importantes do que à satisfação de fazê-lo por um meio escuso, a despeito da vigilância adulta. Se havia nisso uma fuga diante' do adulto, havia sobretudo uma daquelas freqüentes desforras de que voltaremos a falar. Afirmávamos nossa independência e nossa esperteza nas barbas do vigilante adulto; e, se ele não estivesse ali, nosso segredo perderia todo seu encanto.

O mesmo acontece com todas as atividades secretas que têm início a partir dos 6 ou 7 anos. Elas são um triunfo sobre o adulto, uma vingança, e por isso levam em conta o adulto. A história secreta que a criança conta para si mesma e compartilha com um ou dois privilegiados representa, desse ponto de vista, um papel análogo a esses cantinhos secretos de que a criança se apodera e neles se instala. Esses cantinhos secretos são inúmeros e adorados. Primeiro é o sótão, paraíso das crianças, lugar de tranqüilidade e independência totais; sem contar a possibilidade de exploração dos telhados, com os encantos do fruto proibido (e da desforra) ao mesmo tempo que o risco; e ele abriga às vezes em suas velhas malas e suas quinquilharias um mundo de objetos que, nas mãos de uma criança engenhosa, prestam-se a mil metamorfoses. Há também os cantos secretos no porão, no depósito de lenha (entre a lenha e o telhado passei muitas das horas felizes de minha juventude), atrás das cercas do jardim e nos matos, até mesmo nas árvores.

Tais segredos dão à criança uma idéia de propriedade dentro de seus limites. É curioso que a propriedade é, desde a infância um meio privilegiado de afirmação da personalidade. Sabe-se como o velho apega-se a seus bens; então, incapaz de se afirmar por atividades eficazes, ele procura a expressão de seu ser naquilo que ganhou, naquilo que possui. Os bens representam para muitos velhos aquilo que para o artista representou o quadro ou a sinfonia que lhe deram glória; nos bens, e fora do homem reside sua personalidade concreta e sólida, sem o que o ser humano careceria de autoridade e de vigor. Pode-se dizer que a velha casa onde mora o velho é como o esqueleto de seu ser. Mas a criança, ainda incapaz dessa atividade fecunda de que o velho não é mais capaz, procura as mesmas muletas para sua personalidade. Já aos três anos uma criança se afirma pela apropriação de objetos; em estudo sobre a crise de personalidade que marca a vizinhança dos 3 anos, Mlle. Médici soube enfa-

39

tizar esse caráter.[5] O *meu* é a primeira, assim como a última afirmação do *eu*.

Mas essa afirmação solitária, cujas principais manifestações acabamos de analisar, não basta. Ela lançaria a criança fora de toda sociedade, exceto aquela do círculo restrito formado por dois ou três iniciados. Tal afirmação nada mais é do que a manifestação do complexo de inferioridade que se desenvolve naturalmente após os 6 ou 7 anos. Na criança normal, o *eu* vai se afirmar também de uma outra maneira, e vamos encontrar uma lista de jogos muito mais extensa, oriunda dessa outra forma de afirmação.

Já falamos de passagem sobre o modelo do grande, substituindo, pouco a pouco, o do Pai. E o próprio termo "grande", tão usado por crianças e pedagogos, é uma indicação preciosa para nós. O grande é, para toda criança, um ser que tem possibilidades superiores. Há grandes e pequenos de todas as idades; para a criança da escola maternal, os bebês da creche são os "pequenos", mas os alunos da escola primária são os "grandes" que ela inveja. Que vergonha para um grande ser rebaixado à condição de pequeno ou ser tratado como um deles! Acontece, às vezes, para punir um aluno, mandá-lo fazer um estágio numa classe inferior, com os menores, e essa é uma das punições mais terríveis, porque ela mexe com o orgulho do aluno, com a essência do seu ser.

O grande participa de certa forma da auréola do pai. "Meu irmão maior me disse...", "Foi um grande que me disse isso...", e tantos outros argumentos sem resposta. Acontece até mesmo que o grande às vezes abuse dessa confiança e se aproveite dela para pregar peças nos menores, mandando que eles, por exemplo, corram à esquina a ver se ele está lá.

Uma das maiores alegrias que um garotinho pode ter é a de brincar com os grandes. Sem dúvida acontece que o pequeno fuja dos grandes, por medo ou timidez, mas é um caso bastante excepcional. Sempre que pode, o pequeno aceita desempenhar um papel no jogo dos mais velhos, mesmo se este é modesto e apagado. Voltaremos logo a falar sobre esse processo pelo qual aos poucos o pequeno se integra à sociedade dos grandes (capítulo II), processo capital e revelador. Deixemos sua análise para mais tarde. Contentemo-nos em chamar a atenção para uma forma de jogo particularmente significativa: o jogo-provocação.

Há várias espécies de provocações. Talvez a provocação seja a busca de uma compensação: a criança ofendida vinga-se de quem a atacou, virando a sua cadeira. Há uma provoca-

---

5. *L'âge de trois ans et l'étude du caractere.*

40

ção-dominação, como aquela em que o grande manda o pequeno à mercearia para compras impossíveis. Nessas provocações revela-se uma certa hostilidade, e é por isso que se pode dizer que elas são o prenúncio da briga, que elas podem ser verdadeiros desafios. Mas a provocação que nos interessa é bem outra. É o que se pode chamar de provocação-colaboração. O pequeno provoca o grande a fim de entrar na sua esfera de atividade, de chamar sua atenção. Assim é a maior parte das provocações dos muito pequenos em relação aos adultos. Mas o jogo nos faz conhecer muitas outras. Quando um garotinho atravessa propositadamente o jogo de bolinhas de gude dos grandes, impede os passes na pelada, ou os atrapalha na brincadeira de pular carniça, através de sua presença indesejada, não se deve ver aí, necessariamente, um ato de hostilidade, muito pelo contrário. É antes um ato de convite ao jogo, análogo às provocações com que os cachorrinhos se incitam à brincadeira. O que agrada ao garotinho é "ganhar espaço" na área que parece reservada aos mais velhos. Com isso ele os força a dar-lhe atenção, a dar-lhe um lugar na sua atividade: e algumas vezes ele atinge seu objetivo, e se faz convidar para o jogo! Não raro os grandes costumam ser condescendentes. Tal provocação pode constituir, em certos casos, um verdadeiro jogo entre o pequeno e o grande: quando uma criança de 5 anos que você tem nos joelhos começa a irritá-lo com tapinhas na mão, é claro que isso é um convite ao jogo; se o adulto está bem disposto, o jogo acontece. As brincadeiras de fazer medo constituem também jogos de provocação, no mais das vezes sem má intenção.

Esse apelo do mais velho, do qual analisamos algumas manifestações, é, repetimos, o motor essencial da infância. Nos jogos ele está freqüentemente oculto. É que ele assume uma forma particular nos jogos tradicionais em que o mais velho é então representado pela regra do jogo. Pois essa regra, de que falaremos daqui a pouco, é tida como herança dos mais velhos, e respeitá-la é comungar com eles. Daí, todo jogo dessa quarta infância que começa por volta dos dez anos ser fortemente comandado pelo apelo do mais velho. Se as regras são estritas, se as fórmulas de escolha e similares constituem uma verdadeira liturgia, se a atividade lúdica é então um ritual, isso se deve ao fato de que o jogo deixa transparecer sempre a grande figura do mais velho.

O mais velho pode, entretanto, tomar formas diversas segundo a idade, segundo o jogo. Pode ser o próprio adulto, e sobretudo o Pai. Pode ser o Grande. Pode ser o autor das regras tradicionais. Pouco importa, o apelo vem sempre de cima, e atrai sempre com a mesma força. Mas, durante toda a infância, esse apelo permanece mais ou menos concreto. O modelo adorado é um ser próximo e conhecido, Pai ou Grande. Só com a aproximação do fim da infância aparecem os sinais de uma transformação próxima. O modelo concreto é substituído por suas obras, as regras dos jogos tradicionais. Essas regras têm ainda algo de bem concreto, já que comandam a atividade concreta do jogo. Mas elas são, entretanto, de natureza já abstrata, pois não passam de regras. As regras tradicionais procedem, é verdade, no pensamento das crianças, de mais velhos e não raro de adultos. Mas quem são esses mais velhos, quem são esses adultos, isso não é muito claro. São os "antecessores", e a criança não pode dizer absolutamente mais nada. Ela sente vir do alto uma autoridade cuja origem ignora tanto quanto antes. Só muito mais tarde, já no fim da infância (13 a 14 anos), é que a criança perceberá que as regras não passam de puras e simples convenções mantidas pela tradição.

O mais velho perde, então, pouco a pouco sua natureza concreta e precisa. E isso é natural, pois que Piaget insistiu muito nisso, e a experiência dos pedagogos confirma que o pensamento infantil vai gradativamente de operações concretas às operações abstratas: na escola maternal a criança conta objetos reais antes de efetuar operações com números abstratos. O modelo das atividades infantis passa pelas mesmas fases. De início concreto e preciso com o Pai, o modelo torna-se cada vez mais fluido, dissipa-se, alargando-se até o conjunto dos adultos, até os grandes, para se confundir finalmente com uma autoridade mais ou menos difusa, a autoridade da tradição.

Ora, o jogo é, sob certos aspectos, uma atividade de significação moral. Seguir um modelo, depois uma regra social, afirmar sua personalidade, tentar elevar-se a uma natureza mais alta, não são manifestações em que é difícil negar o caráter moral? Há no jogo uma moralidade encoberta. E a progressão da figura do mais velho manifesta os avatares dessa moralidade infantil espontânea. A princípio concreta e dominada pela alta figura do Pai, ela se torna cada vez mais abstrata e, no fim da infância, consiste na obediência a regras abstratas e tradicionais. Mas, num caso como no outro, o modelo, o tipo moral vem de fora. E se a criança procurar no jogo um meio de se realizar, de afirmar seu *eu*, esse *eu* que se afirma não pode ser senão uma cópia de um tipo dado por outros, Pai ou "antecessores". Em seu esforço para manifestar-se, a criança que procura sua independência o faz segundo um modelo estranho. Sua autonomia é, não obstante, heteronomia.

Por outro lado, essa moralidade é extremamente conservadora. Como veremos, a criança inventa pouco, ela segue modelos rígidos quase sempre. Daí um conservantismo gritante. O que a criança fez uma vez, ela tende a repetir sempre, como se vê nos tipos imutáveis de seus desenhos (voltaremos a isso mais adiante). Também as regras do jogo, as fórmulas de escolha e demais fórmulas atestam uma persistência espantosa.

Para livrar-se dessa moralidade heterônima e conservadora, será preciso que a criança dê uma violenta guinada sobre si mesma. Será preciso que ela substitua a autoridade distante e difusa dos "antecessores" por uma autoridade escolhida livremente. Será preciso que ela procure encontrar por si mesma novos caminhos fora das regras tradicionais. Esse será o esforço do adolescente. O adolescente, protestando não raro de maneira brutal contra a tradição, vai procurar escolher seus modelos, modelos que lhe serão próprios. Esse esforço de autonomia continua a afirmação do *eu* revelada no jogo da criança; mas esta cumpre esse esforço por outros meios. Mais consciente de si mesma, ela desdenha as vias indicadas pela tradição. É a crise de originalidade tão bem analisada por M. Debesse.[6]

E, entretanto, esse esforço de originalidade, de autonomia, conserva ainda aspectos que o jogo infantil tornou familiares para nós. O adolescente também tem seus modelos, heróis, santos, grandes homens. Ele obedece ainda ao apelo do mais velho. Ele se submete, de bom grado, ao signo do grande homem que admira: "E eu também serei pintor." E até — os educadores sabem disso — acontece que a admiração apaixonada do adolescente por um ou outro professor (sobretudo em se falando das moças) o transforme e lhe confira essa figura ideal do mais velho todo-poderoso, desses gigantes muito ternos e bons de que fala A. France, reencontrando assim, através, dos anos, esse ideal de Pai que guiou todas as nossas infâncias.

B. — A formação do grupo

Uma das superioridades mais eminentes da infância humana sobre a infância animal reside na existência de um grupo que constitui uma verdadeira sociedade. Consideremos os grandes que brincam num pátio de escola. Eles obedecem regras, respeitam uma disciplina. Num jogo de barras ou de "épervier",[7] cada jogador tem uma função a cumprir; em certas cerimônias de mocinhas, cada uma deve, por sua vez, cumprir atos prescritos e repetir palavras rituais. Regras, palavras, tudo isso vem através dos anos; é uma tradição infantil. Por outro lado, se examinarmos melhor, constataremos uma hierarquia

---

6. *La crise d'originalité juvénile.*
7. Não conseguimos, apesar de todo nosso empenho em pesquisa bibliográfica e consultas a falantes nativos de língua francesa, saber exatamente o que é o jogo do "épervier", apesar de sabermos que "épervier" é uma espécie de gavião e que a palavra designa também a tarrafa de pescar. Optamos, por isso, pela manutenção do termo francês, sempre entre aspas. (N.T.)

rígida, um chefe, um subchefe e subordinados. Consideremos agora os pequenos animais; não encontraremos nem instituições tradicionais como os jogos infantis, nem hierarquia rígida. Os cãezinhos podem perfeitamente brincar juntos; é-lhes necessário, a cada geração, reencontrar os gestos que compõem os jogos de cães. Não há nenhuma tradição, nenhuma sociedade verdadeira, somente grupos passageiros e provisórios.

De onde vem essa superioridade da criança? Sem dúvida da superioridade de sua estrutura, do desenvolvimento de seu cérebro, de sua posição ereta, da forma de suas mãos, mas também da duração de sua infância e de sua integração num universo social. Se nossos filhos nascessem a cada verão — como se vê em algumas espécies animais — e atingissem a maturidade antes do verão seguinte, não haveria nenhuma tradição infantil. Se o homem não fosse um ser social, se os homens, na reunião de uns com os outros, não reunissem também seus filhos, não haveria nenhuma sociedade infantil. Mas o homem é um ser social, de infância prolongada, e isso permite que nossas crianças façam numa sociedade infantil a aprendizagem da sociedade adulta da qual participarão mais tarde.[8] Esse é um dos fatores — se bem que desconsiderado —, e não dos menos importantes, que condicionam a eminente dignidade do homem.

Vale a pena, então, pesquisar como se constitui e como vive essa sociedade, estudar suas instituições, seus costumes, e mesmo sua religião.

Na origem da sociedade infantil convém, de início, apelar para um fator, puramente instintivo, para uma atração mútua natural, análoga à que reúne os carneiros ou os cardumes de sardinhas. Dizer que o homem é social é antes de mais nada constatar que a espécie humana se inclui entre todas aquelas cuja natureza comporta essa atração mútua, como as abelhas, as formigas, os pardais. O homem atrai o homem, é um fato. Tudo se passa como se, em cada um de nós, houvesse uma espécie de pré-conhecimento e como uma necessidade do outro. O sorriso, primeira reação social, é a melhor prova disso.

Outro fator essencial, a que voltaremos com freqüência, é a existência no homem de uma capacidade de imitação. Não é ainda

---

8. Entre os primitivos, essa sociedade de crianças pode ser fortemente organizada e dar origem a "sociedades de idade" correspondentes a cada geração. Veja-se, por exemplo, sobre esse assunto, o artigo de G. Balandier, *L'enfant chez les Lébou du Sénégal*, in *Enfance*, n.º 4, 1948. Diz o artigo: "É então uma espécie de aprendizagem de negócios públicos que se faz no interior da sociedade de idade", p. 300.

44

uma capacidade específica do homem. Há espécies animais que sabem imitar, como é evidente no papagaio ou na pega; há, ao contrário, os que não podem fazê-lo, é o caso, a despeito das aparências, do macaco, em que os psicólogos tentam em vão encontrar traços indubitáveis de imitação.

Como esses fatores se combinam e como aparecem na criança? O sorriso como resposta aparece já no primeiro mês (em média por volta do 13.º dia, segundo Cover Jones). Por volta dos 5 meses a sociabilidade infantil torna-se ativa, "aos 6-7 meses a criança tenta ardentemente incluir em seu jogo qualquer pessoa presente. Objetos são dados ou recebidos, e a criança prefere as brincadeiras que impliquem um parceiro, esconde-esconde, troca de brinquedos etc.".[9]

Mas isso não passa de uma sociedade com os adultos. A sociedade com as outras crianças é muito mais tardia. Um bebê pode perfeitamente se interessar durante algum tempo por um outro, mas não sente absolutamente necessidade dessa presença estranha e brinca sozinho da mesma maneira. Na escola maternal, as crianças mais jovens ficam isoladas; apenas por volta dos 4 anos é que se formam os primeiros pares e só às vésperas dos 5 anos é que sentem necessidade de companheiros de jogos. Em um estudo dos grupamentos constituídos por crianças nos jardins de infância, Wislitzsky e Hetzer observaram que as crianças de idade pré-escolar preferem brincar isoladas ou aos pares; e na Rússia, onde se fizeram todas as tentativas possíveis para encorajar a vida de grupo entre crianças, não se obteve muito sucesso nos jardins-de-infância. Mas essas afirmações não são mais exatas para as crianças mais velhas de nossas escolas maternais. Após os 5 anos, a criança procura um amigo. "Se bem que jamais brinquem realmente juntas, nota Miss Gardner, falando de crianças daquela idade, não gostam de brincar sozinhas; e é raro haver uma criança dessa idade sozinha perto da caixa de areia. As crianças parecem gostar de brincar em presença de outras."[10] Separar das outras uma criança dessa idade, já é para ela um castigo.

Assim, na escola maternal constituem-se grupos muito restritos, em geral de duas ou três crianças. As tentativas às vezes levadas a cabo por crianças mais velhas para formar grupos maiores raramente são bem-sucedidas. Não se deve, entretanto, encará-los como grupos de cooperação. As crianças brincam lado a lado, compartilhando seus feitos, mas geralmente não brincam em conjunto, como bem observa Miss Gardner. Há um grupo, se se quer considerar assim, mas um grupo fragmentário, feito de unidades autônomas. É como se fossem

---

9. Ch. Bühler, *ibid.*, p. 55.
10. *The Children Play Centre*, p. 16.

dois pescadores vizinhos à beira do rio, e não uma equipe empenhada em puxar o arrastão.

Acontece, entretanto, às vezes, a constituição de grupos de cooperação. Esses são em geral limitados; como no jogo da cadeira em que duas crianças fazem com braços entrecruzados uma cadeira na qual uma terceira se assenta, ou no jogo análogo da charrete. Rarissimamente o grupo pode englobar todas as crianças: vimos isso a propósito de um jogo de corridas de vacas que se repete todos os anos na Chalosse. Mas há exceções.

Os pequenos da escola primária, de 6 a 10 anos aproximadamente, são também incapazes de substituir o grupo fragmentário por uma verdadeira sociedade organizada em que cada um tenha sua função. Eles apenas ampliam o grupo fragmentário. Tal tipo de grupo convém particularmente aos jogos de competição que florescem nessa idade. Mas, a par desses jogos de competição, há um sem número de outros que podem ser praticados só ou em grupo. Assim é o do avião, tão praticado atualmente. Estendem-se os braços para os lados do corpo: são as asas. Depois avança-se fazendo voltas elegantes sobre a asa, acompanhando a corrida com um ruído apropriado. Brincadeiras de avião, de moto, coelho, galinha, e tantas outras imitações podem ser praticadas pelo imitador solitário. Mas, em geral, no grupo da terceira infância, quando uma criança inicia um jogo, é seguida por outras, e logo surge um grupo de jogo, feito de crianças que atuam lado a lado.

Entretanto, em certos casos, há uma influência de um participante sobre um outro; uma inovação é seguida pelo conjunto das crianças. Assim, quando se brinca de galinha, o que consiste essencialmente em imitar seu canto, se um dos pequenos finge chocar um ovo, todos vão chocar ovos imaginários. Os jogadores não estão, portanto, completamente isolados: já se esboça uma colaboração, a solidariedade mecânica tende a tornar-se orgânica. Pode-se até ir mais longe. É assim que o jogo do avião será primeiro praticado por cada um de seu lado; aviões isolados vão percorrer o pátio. Mas esses aviões se chocam uns com os outros, donde surge um novo jogo, um combate de aviões: os aviões vão se bater e quebrar as asas. Essa cooperação bem limitada pode desenvolver-se. Uma das crianças pode ter autoridade bastante para juntar todas em dois blocos e teremos uma batalha; cada equipe terá até mesmo um nome.

Vê-se nesse exemplo como pode se dar a passagem do grupo segmentário para o de cooperação. Mas essa passagem é ainda talvez mais sensível nos jogos de competição. Que se trate de correr, pular, lançar uma flecha, usar uma farda, tudo pode ser jogo de uma criança isolada. Mas se duas crianças brincam lado a lado, uma

46

rivalidade nascerá rapidamente: quem salta mais longe, quem faz mais ondas na água atirando pedras, quem corre mais depressa? Assim surgem os jogos de grupo nos quais a criança luta contra outra. O jogo contra... substitui o jogo ao lado de... Esses jogos são, na terceira infância, extremamente mal organizados, se é que se pode, de fato, falar de organização. Em geral, cada um salta e atira ao acaso. E, da mesma forma, cada um está seguro de ter feito melhor do que o outro! Mas, aos poucos, o jogo pode se organizar.

Há, enfim, jogos que, mesmo sendo de pequenos podem dar margem ao surgimento de um verdadeiro grupo cooperativo, como alguns de mímica. Até aqui examinamos apenas as mímicas levadas a cabo por uma única criança; mas vimos como tais imitações podem, às vezes, como no caso do jogo de aviões, se tornar jogos de conjunto: não se imitam mais aviões isolados, mas uma batalha de aviões (ou pelo menos o que se acredita ser). Se se trata agora de mímicas mais complexas pode acontecer que sejam necessários vários participantes. Um trem não pode ser formado com apenas um vagão e se uma criança isolada pode "fazer o trem" — o que é comum — logo se é tentado a aperfeiçoar essa cópia. Isso é sem dúvida mais difícil, tal realização se choca com obstáculos que examinaremos mais adiante, mas se o jogo continua bastante calmo, se a euforia não intervém para desorganizá-lo, ele pode acontecer. Há, assim, muitas mímicas que às vezes os pequenos conseguem realizar: "battaison",[11] os fuzilados etc. Reconheçamos, entretanto, que, sem a autoridade dos grandes, a realização fica muito medíocre e que a euforia ameaça sempre acabar com o jogo.

Os jogos que acabamos de examinar são os dos pequenos. Eles lhes permitem fazer entre si uma primeira experiência de grupo organizado, experiência medíocre e passageira, repetimos. Mas, quase todo o tempo, os pequenos, nesses jogos, nada mais fazem do que imitar as realizações mais perfeitas dos grandes. Aspirando serem tidos como grandes, tentam na verdade apropriar-se dos jogos dos mais velhos. São esses os que mais lhes agradam; é neles que logo pensam se são perguntados sobre que jogos praticam (donde toda estatística para cada idade, assim estabelecida, ser calcada nisso). Se lhes acontece empreender uma organização lúdica copiada dos grandes,

---

11. Cremos tratar-se de brincadeira muito especificamente localizada no meio rural. Falantes nativos de francês não conhecem o termo e os dicionários não o registram. Tudo indica que seja o ato de bater o cereal colhido para separar os grãos do resto da planta; "battage" é o termo que alguns dicionários registram. "Battaison", propriamente, não encontramos em nenhuma obra consultada; e os franceses confessaram nunca tê-lo ouvido ou lido. Por tudo isso, optamos por conservar o termo francês, sempre entre aspas. (N.T.)

quase sempre fracassam. Não apenas sua criação carece de espontaneidade, mas também de firmeza. Se quisermos compreender como a criança chega aos jogos organizados, não será, portanto, esse caminho que deveremos trilhar. São meros prelúdios a uma música mais elaborada.

É entre os grandes que é preciso procurar. Se os pequenos aprendem a cooperar entre si, é com os grandes e em seus jogos. É preciso ver como os pequenos são aceitos nos jogos dos mais velhos, e como se conduzem. Como já dissemos, criança atrai criança. Todo recém-chegado numa escola procura logo seus companheiros de jogo, o que consegue com rapidez. Reininger, estudando o comportamento de novatos numa escola de Viena, durante seus primeiros contatos com os veteranos, observa que em três dias 99% dos novatos estabelecem contato com um ou mais de seus colegas de classe. Até à adolescência, o novato é aceito sem dificuldade no grupo. "Os alunos muito jovens, diz Varendonck, acolhem muito facilmente um recém-chegado", e isso é verdade sobretudo entre os menores. Certos brinquedos como a pulga,[12] a bola, prestam-se melhor a essa entrada no grupo. Quando três crianças de 11 ou 12 anos começam a brincar de pulga, outras vão entrando naturalmente no brinquedo, sem que se constate nenhuma resistência entre os que o iniciaram.

Há, portanto, uma tolerância mútua entre as crianças. Por isso, o garoto que chega pela primeira vez numa escola se integra logo ao grupo segmentário. É essa mesma tolerância que se deve considerar para compreender a integração dos pequenos na sociedade dos grandes. A receptividade de uma criança por outra é um fenômeno natural: desde os oito meses os bebês podem, segundo Ch. Bühler, tentar consolar outros bebês. Mas essa receptividade, desenvolvida pela interferência adulta, tem seu ponto mais alto nas relações entre grandes e pequenos. Em geral, os grandes toleram de bom grado as provocações dos pequenos; quando o pequeno invade o jogo da amarelinha e chuta a pedra que faz parte dele, o grande resmunga, mas não reage. Se um garotinho cai e se machuca, as mocinhas acorrem em cuidados e consolos. A *toilette* das garotinhas é feita pelas grandes. Os adolescentes serão quase sempre menos bem-vindos.

---

12. No original "puce", pulga. Não conseguimos esclarecer o que venha a ser esse jogo. Apenas um falante nativo dos consultados aventou a hipótese de ser uma brincadeira em que as crianças tentam acertar dentro de um recipiente, pequenas sementes, pressionando-as com os dedos. Talvez o salto que a semente realiza para cair (ou não) no recipiente lembre o salto da pulga, daí o nome da brincadeira. Mas são suposições apenas. (N.T.)

Essa receptividade implica um certo orgulho. Ajudar o pequeno, ser indulgente com ele, é colocar-se acima dele. Sempre se observa que na piedade há algo de desprezo: "Você me faz pena." E a piedade de umas crianças por outras não faz exceção. Recompor os cabelos de uma garotinha é também mostrar a ela que se é capaz de fazer o que ela mesma não sabe fazer. A benevolência dos grandes tem então duas origens: por um lado, procede de sentimentos naturais de simpatia, como a atração mútua; por outro, ela constitui um testemunho a mais desse orgulho infantil que presenciamos com freqüência.

Essa análise da benevolência dos grandes vai nos permitir uma melhor compreensão da integração dos pequenos no grupo dos grandes. A integração se faz paulatinamente, como se o pequeno devesse realizar uma aprendizagem. Na verdade, a princípio, no jogo dos grandes, ele é apenas espectador. Os pequenos constituem um público, e esse público desempenha um papel como o coro nas tragédias antigas. Ele aprecia, admira, faz comentários em voz alta, dá boas gargalhadas, arrisca palpites. Assistir ao jogo já é para o pequeno uma fonte de prazer seguro e fácil. Admirar o jogo é já participar um pouco dele, é impregnar-se na atmosfera dos grandes. O pequeno no canto do pátio está um pouco na atitude do "torcedor" de futebol que assiste, da arquibancada, o jogo se desenrolar no gramado. E, antes de jogar futebol, na maior parte das vezes, não se vai assistir às partidas? Não é muitas vezes a excitação do jogo que dá a vocação esportiva? Os jogadores quase sempre foram, na infância, espectadores apaixonados. É isso o que acontece com os jogos dos grandes. Participa-se deles passivamente, antes de se participar ativamente.

Não faltam brincadeiras que admitem ou até exigem um público. Toda criança que usa um brinquedo novo é, por isso mesmo, cercada por um público de pares mais ou menos cheio de admiração. O jogo de competição não tem sentido sem um público. Eis crianças que brincam de "arremessar faca": trata-se de arremessar uma faca de tal maneira que ela fique fincada numa árvore, após ter feito, no ar, uma ou duas voltas sobre si mesma. Os arremessos não podem ser feitos por todas as crianças ao mesmo tempo — sobretudo se a faca é uma só. Enquanto um dos participantes experimenta sua habilidade, os outros constituem então necessariamente um público que observa e critica. Nesse público encontram-se tanto grandes a quem se passará num minuto a faca, quanto pequenos que não são admitidos nesse jogo; e grandes e pequenos desempenham, no público, o mesmo papel. Os brinquedos baseados numa aposta ("vamos ver quem joga essa pedra mais longe?") supõem, também eles, um público mais ou menos restrito, porque a aposta implica aqui uma competição.

A competição prepara a entrada do pequeno no jogo dos grandes; ele fará parte do público até o dia em que lhe for confiada a faca.

Mas os jogos de competição continuam sendo inferiores, pertencendo mais à terceira infância (até 10 anos no máximo) do que à quarta. São os jogos tradicionais que propiciam o surgimento de uma verdadeira sociedade infantil. Agora é preciso desmontar o mecanismo pelo qual o pequeno passa, nesses jogos, do papel de espectador ao de ator.

Muitos dos jogos tradicionais não comportam, como a forma clássica dos quatro cantos, um número perfeitamente determinado de participantes. É assim que, quando se faz uma caravana, pode-se perfeitamente integrar nela o público, ela se alongará e será mais imponente; os pequenos podem então participar da empresa dos grandes. Quando se brinca de lobo, de desfile militar, de "Nicolas",[13] o mesmo acontece. No "lobo", os pequenos participam do cortejo que canta em torno da caverna e, quando o lobo aparece, fazem parte dos cordeiros. No "desfile militar", são soldados. No "Nicolas", participam do conjunto de participantes que cantam em coro palavras tradicionais, enquanto um esconde uma pedra num dos bonés (pedra que um outro deverá achar). Sem dúvida existem muitos jogos nos quais os pequenos não têm vez: bolinhas de gude, pula-carniça, amarelinha etc. Mas os jogos franqueados aos pequenos são numerosos.

Os pequenos têm nesses jogos sempre papéis subalternos. Nunca são o "lobo", o comandante ou, no "Nicolas", o que procura ou o que esconde. Antes de mais nada, eles fazem número. Mais que isso, os grandes os aceitam, mas não ligam para eles o tempo todo; raramente o lobo tenta pegar os pequenos; é uma presa muito fácil, e sua captura não tem grande mérito. Raramente, no "Nicolas", a pedra é escondida no boné de um pequeno. E no entanto, a despeito desse evidente pouco caso dos grandes, os pequenos preferem brincar com eles a brincar sozinhos, tão forte é o apelo do mais velho. Na "cabra-cega", eles estão no círculo, mas como não se lhes dá importância, nota-se claramente que ficam aborrecidos, a tal ponto que se resignam a se divertirem sozinhos; mas, se os grandes resolvem que vão brincar de "cabra-cega", os pequenos estão sempre prontos. Lembra-me ter assistido um dia a uma cena típica. Grandes brincando de quatro-cantos tinham chamado um pequeno, Roger, de 9 anos e quatro meses, o mentor dos pequenos. Mas a ele se deu imediatamente o pior papel, o do participante que fica no meio, o que permitia a um grande, cansado de ter ficado no meio por muito tempo, tomar lugar num dos cantos. Após alguns minutos, Roger conseguiu tomar o lugar de um grande; este se recusou, injustamente, a ceder o lugar,

---

13. No original, "Nicolas". Não conseguimos esclarecer o que seja exatamente esse jogo, além da pequena informação contida no parágrafo seguinte, segundo a qual há uma criança que procura algo que outra escondeu. (N.T.)

e Roger ressentido foi embora. Mas, ao fim de algum tempo, novamente com problemas, os grandes chamavam novamente Roger, e ele, ingênuo, voltava a ocupar o meio.

Podemos daí compreender a estrutura do grupo dos grandes. Não é, absolutamente, um grupo fixo, como uma equipe de escoteiros, é um grupo de fronteiras mutáveis. Esse grupo tem um centro e uma periferia. Na periferia encontram-se os pequenos, numa zona flutuante; certos pequenos só são aceitos no grupo quando não se está recusando ninguém, quando se tem necessidade de um grande número de participantes; esses representam o limite extremo do grupo. Alguns outros, como Roger, de quem falamos acima, podem ser chamados, mesmo que outros pequenos continuem espectadores; trata-se então de personalidades fortes, de chefes.

O grupo dos grandes não é, então, homogêneo, já que em certas ocasiões se amplia com essa população inferior. Mas, se agora, deixando de lado os pequenos, nos detivermos especificamente no grupo só de grandes, notaremos ainda uma certa heterogeneidade. Os grandes não têm todos o mesmo valor, há, também entre eles, uma hierarquia. Se são, aos olhos dos pequenos, como senhores feudais, há entre eles suseranos e vassalos. Tem-se sempre enfatizado a existência de mentores nas sociedades infantis. Esse fenômeno de "cefalização", pelo qual o grupo se dá uma cabeça, é, aliás, muito difundido.

O mentor existe sempre numa sociedade de crianças a partir de 7 anos. Geralmente ele aparece mais cedo, já na escola maternal. Pude constatar a existência indubitável de mentores de 5 anos que bem ou mal já podiam organizar jogos de grupos. Mas, para que a cefalização seja nítida, é preciso esperar uma idade mais avançada. A autoridade do mentor se instala progressivamente. Não há escolha consciente, nem eleições: esses são procedimentos que, aliás, não convêm a seres ainda incapazes de julgar objetivamente o valor de seus pares. Mesmo na adolescência, tais procedimentos de escolha são sempre medíocres. Aconteceu de eu ter de promover eleições de mentores — sob nomes vários — meia centena de vezes em classes preparatórias para o segundo grau; não se tratava, absolutamente — no princípio pelo menos — de procurar um "responsável" que ficasse ligado à administração, o que teria tornado a escolha ainda mais medíocre. Não obstante, devo confessar que às vezes fiquei surpreso com a mediocridade da escolha; partidarismos mesquinhos (escolher um externo, um aluno de tal departamento etc.) falseando freqüentemente a escolha. Com mais razão, esse sistema pode ser vicioso entre as crianças mais jovens. Só se observa seu uso nos bandos, formações mais ou menos artificiais, que não têm a permanência e a

51

organização dos grupos de escolares. Acontece, às vezes, de se assistir a uma luta entre duas personalidades fortes pela preeminência no grupo, mas esse é um fato que se observa sobretudo entre as crianças mais velhas, às vésperas da adolescência ou na adolescência (por exemplo nas classes do liceu). Geralmente o mentor se impõe progressivamente, até sem que seus pares se apercebam: algumas crianças, consultadas por Varendonck numa pesquisa sobre esse assunto, não tinham nem notado a cefalização do grupo de que faziam parte; seu grupo lhes parecia de iguais, democrático, ao passo que todo grupo infantil origina-se de um tipo feudal.

O mentor intervém constantemente no jogo. É ele, geralmente, quem decide de que se vai brincar. É ele quem esclarece as regras quando há uma discussão, como se fosse o guardião da constituição. Regula os desentendimentos e é geralmente ouvido. Fixa os papéis de cada participante, quando há necessidade. Dirige os movimentos do grupo. Sua autoridade é, às vezes, tirânica: se está cansado de um jogo, decreta que se passará para outro, pode impor a um participante um papel inadequado, chegando a cometer injustiças flagrantes. Entretanto, às vezes, usa de certa ponderação, contornando a susceptibilidade de seus subordinados. Percebe, por uma espécie de intuição psicológica, a atmosfera do grupo e age em conseqüência dela. É, ao mesmo tempo, um diplomata e um chefe. Raramente usa de violência para se fazer obedecer. Tem, aliás, à sua disposição um castigo severo, a suspensão do jogo, e quase sempre isso basta para cessarem as desobediências.

Quais são suas qualidades? Ele é geralmente bastante velho, porque a idade, por si só, confere um privilégio. De qualquer maneira, nunca pertence a uma classe ou departamento inferior, porque a idade escolar — se é possível dizer assim — é ainda mais importante do que a idade real. Além disso, ele tem iniciativa. Possui um senso desenvolvido da ordem e da organização, senso indispensável a seu papel de grande mestre de cerimônias. Tem caráter dominador, adora comandar; e também uma personalidade forte; ser um mentor num grupo infantil é, em geral, um bom sinal para o sucesso futuro no mundo adulto. Enfim, ele precisa ter um senso desenvolvido de justiça, sem o que se exporia a ver seu grupo se revoltar contra ele.

Notemos enfim que, em certos casos, o mentor cede o lugar provisoriamente a um outro participante. Isso acontece sobretudo quando se trata de um jogo recentemente introduzido; nesse caso, o participante que trouxe a brincadeira e que a ensina aos demais desempenha geralmente o papel de mentor. Além disso, o mentor pode deliberadamente se fazer substituir por seus inferiores, pois ele tem seu estado maior que o ajuda em seu trabalho. Os substitutos constituem, com o mentor, o cerne do grupo, os pequenos são a franja extrema. Os substitutos assumem o lugar do mentor em sua ausência.

Essa organização não bastaria para fazer do grupo dos grandes uma verdadeira sociedade. Também entre os animais há grupos hierarquizados, com mentores e substitutos. Se, numa fila de crianças, o mentor e seus substitutos vêm à frente, enquanto que os pequenos encerram a caminhada (sinal visível da hierarquia), o mesmo se observará em certas sociedades animais em que a coluna que desfila tem à sua frente o chefe e os veteranos. Mas a sociedade infantil possui outros caracteres que qualquer sociedade animal ignora. Ela tem tradições, tem costumes estritos.

Cada grupo possui, de fato, suas instituições lúdicas. As regras do jogo, na sociedade dos grandes, não se inventam mais, com raras exceções; elas já existem, e não se pode modificá-las, porque vêm dos antigos que sabiam melhor das coisas. Há regras "verdadeiras", cuja verdade é garantida unicamente pela tradição (não é essa a forma primitiva do conceito de verdade?), e todas as regras que diferem delas são falsas. Essas regras verdadeiras as crianças aprenderam de crianças mais velhas e as transmitirão a outras mais novas. Assim se constitui em cada cidade, em cada escola, em cada bairro, um patrimônio de jogos verdadeiros. A essas regras de jogos, é preciso acrescentar os versinhos que servem a esse ou aquele jogo, as fórmulas de escolha que servem para fixar os papéis, as cantigas enfim. Tudo isso é rigorosamente determinado, é como a liturgia do jogo infantil.

Ora, essas instituições e essas palavras podem variar, e realmente variam, de um lugar para outro. Cada um de nós se lembra, por já ter experimentado, que as regras do "épervier", por exemplo, não são exatamente as mesmas em todo lugar; com maior razão as regras do jogo de bolinhas de gude ou da amarelinha. Pesquisas que fizemos em várias regiões diferentes nos revelaram a importância dessas divergências. Ademais, um jogo praticado numa cidade pode ser desconhecido na cidade próxima que, por sua vez, conhece outros. Cada grupo tem, portanto, seu próprio estoque de brincadeiras relativamente estável, a despeito dos acréscimos que podem vir com os novos participantes. Isso é ainda mais verdadeiro com relação às palavras rituais. As inúmeras pesquisas feitas por folcloristas a propósito das fórmulas de escolha revelaram uma variedade enorme de variantes para as mais célebres. Pôde-se constatar que determinada fórmula foi levada da Polônia para a Espanha, mas não se deve ter ilusões; o que foi difundido assim, é apenas um tema maior; a partir desse tema desenvolvem-se múltiplas variantes, e a mesma fórmula pode ser bem diferente em duas cidades próximas, até mesmo em duas classes da mesma escola. Durante as pesquisas que fizemos sobre fórmulas de escolha pudemos constatar divergências mais importantes ainda do que as divergências entre os jogos.

É essa bagagem tradicional que dá a cada grupo infantil sua essência de sociedade verdadeira; é ela que testemunha também o valor de cada grupo: há grupos mais ricos que outros, o que testemunha atividade e tradição mais intensas. Seria também possível — voltaremos a isso — classificar os grupos de acordo com seus códigos de jogos e segundo a importância de suas poesias (fórmulas de escolha sobretudo).

Há grupos de que não falamos e que não têm nenhuma tradição desse gênero: são os bandos que inúmeros autores estudaram particularmente. Eles se distinguem das sociedades comuns de jogo pelo fato de serem formados arbitrariamente, espontaneamente. Daí não poderem ter nenhuma tradição que os fortaleça. Eles precisam substituir o elo constituído pelo sistema comum de regras e de cantigas por outros procedimentos como as insígnias, a linguagem secreta, os graus conferidos arbitrariamente. Daí o sucesso do escotismo que soube fazer vibrar essa corda sensível. Mas, tirante o escotismo que, aliás, se apóia numa tradição mais ampla e se consolida por sua própria difusão, só encontraremos bandos efêmeros e mais ou menos instáveis. Não se pode, de fato, em relação à criança e mesmo ao jovem adolescente, confiar num engajamento que requer muita perseverança, muita estabilidade mental para essa idade. O atrativo do bando é seu segredo e sabemos como a criança se sente engrandecida pela posse de um segredo, mas a constituição arbitrária do bando é frágil. Muito intelectual, muito distante daquelas coisas que, como as tradições, estão muito próximas da natureza, ele já anuncia a instabilidade da adolescência, ao mesmo tempo que sua necessidade de afeto, de amizade, de camaradagem. O bando se desenvolve também tardiamente — após os 11 anos; não pode subsistir por muito tempo se algum interesse prático não vier para lhe dar corpo. Ao contrário, a sociedade comum de jogo fica, na sua solidez, desvinculada de qualquer interesse. Longe de levar a condutas anti-sociais e perigosas, como o faz com freqüência o bando, ela amadurece a criança, fazendo-a participar de uma sociedade estável. Conduz a criança suavemente na direção da moral social dos adultos. E a criança parece atingir essa moral, mas de uma maneira passiva, como um subordinado submisso ao mentor. Ela se eleva, entretanto naufraga. A adolescência, por sua própria desordem, vai salvá-la desse naufrágio.

CAPÍTULO II

A DISCIPLINA DO JOGO

A. — A regra e a ordem

Falamos, no capítulo anterior, de uma moralidade social implícita no jogo tradicional dos maiores de dez anos. Essa moralidade é passiva no sentido de que a criança obedece a regras sem discutir seus fundamentos; as regras têm valor porque são parte integrante da sociedade. A criança não se interroga naturalmente sobre a sua origem e, se é perguntada sobre isso, apela para os "veteranos". Mas como essa moralidade pode casar com aquele desejo de afirmação da personalidade que, como já demonstramos, é o princípio motor do jogo infantil, como, aliás, de toda atividade infantil? Não nos encontramos diante de dois fatores opostos, um fonte de passividade e conservantismo, o outro fonte de espontaneidade e iniciativa? Para captar a razão dessa coexistência paradoxal dos dois princípios, é preciso que compreendamos a natureza da regra do jogo. Veremos assim que obedecendo à regra, a criança procura ainda afirmar o seu *eu*. Bem longe de serem os dois princípios antitéticos, a submissão à regra social é um dos meios de que a afirmação do *eu* pode se utilizar para sua realização. A regra é o instrumento da personalidade.

Mas não avancemos muito depressa e, para compreender a natureza da regra lúdica e sua significação, procuremos primeiro sua origem e seus fundamentos.

O amor à regra continua uma tendência profunda da alma infantil sobre a qual os psicólogos ainda não pousaram suficientemente seus olhos. Parece-nos geralmente que a criança é desordenada, que ela não sabe nem quer submeter seus atos a uma regulamentação. Esforçamo-nos para habituá-la a agir com método, a manter seus objetos em ordem, e parece-nos que a atividade metódica que ela adquire pouco a pouco é unicamente efeito da educação que recebe. Mas não será muito presunçoso em relação à cultura que se pode inculcar na criança? Será possível desenvolver essa tendência, essa necessidade de ordem, sem que haja uma base anterior? Quem diz cultura não subentende um germe a desenvolver? Não pensemos, como acreditava Helvétius, que pela educação seja possível criar um ser absolutamente novo. A criança não é uma tábula rasa sobre a qual podemos inscrever o que bem entendermos. Como não podemos de um loiro fazer um moreno, de um nervoso um fleugmático, jamais podemos, quaisquer que sejam nossos métodos, conseguir modelar inteiramente a criança. O pedagogo não é — e não deve querer ser — um criador, mas um jardineiro que sabe fazer crescer sementes. A educação, Rousseau via mais claro que Helvétius, continua a natureza; ela se contenta em dirigir e frear o fluxo primitivo, coloca diques para represar a atenção, barragens para fazer com que o fluxo corra por um determinado leito e não por outro. Mas se não há, a princípio, tendências em potencial, se falta o fluxo, não se pode fazer grande coisa, não se podem irrigar novas terras, nem construir usinas; o potencial do dado primitivo condiciona todo progresso ulterior.

Pode-se, portanto, com razão buscar na criança algum fundamento para essa regra sem a qual raciocínio, método e moral não têm nenhuma consistência. Ch. Bühler percebeu um dia o problema e falou de uma necessidade de ordem inerente à alma infantil, mas apenas Mme. Montessori soube enfatizar a importância da questão, sem entretanto perceber todo o seu alcance. Ela observou na criança de dois anos uma necessidade de ordem que a impele a recolocar as coisa no lugar, que lhe faz temer o não-familiar; mas nessa necessidade de ordem, parece-nos que é preciso ver a origem mais importante da regra, e por extensão, da maior parte das atividades superiores do homem. Analisemos então, em detalhes, essa necessidade.

De início, observa-se na criança uma ordem que rege as condutas mais simples. Mesmo o animal é capaz de condutas desse gênero. Observam-se nos animais verdadeiros ritos: "Os animais, mesmo os solitários, se impõem certos ritos: o que é o costume que têm os canídeos de rolar sobre si mesmos antes de se deitarem?" [1] Rituais desse tipo são freqüentes entre os bebês: uma criança chora porque é colocada no banho sendo pega pela direita, e não pela esquerda como de costume, uma outra porque esqueceram certos ritos da hora de ir para o berço. Mas o jogo, um pouco mais tarde, nos fornece repetições que são como um esboço de ordem. Há, entre as crianças de um ou dois anos, jogos que consistem em recomeçar sem descanso uma mesma atividade. A repetição de uma determinada palavra é muito freqüente e dá continuação à repetição de certos sons, de certas sílabas pelo bebê. Alguns jogos tornam-se verdadeira obsessão: uma criança de 8 anos bate até cem vezes as teclas de um

---

1. Picard, *Les Phénomènes Sociaux chez les Animaux*, p. 191.

piano sem se cansar, uma outra não pára de abrir uma caixa. Há períodos manifestos de jogo: durante alguns dias uma criança se diverte deixando cair os objetos ou sacudindo-os. Um aluno de escola maternal é ainda muito voltado para a repetição, podendo, por exemplo, subir cem vezes seguidas os três degraus de uma escada. Esse amor à repetição explica o êxito inegável dos antigos métodos de ensino da escritura: uma criança que repete um *a* numa página em branco não se cansa absolutamente como um adulto.

Os ritmos são uma repetição ainda mais precoce. Pode-se falar de ritmos vitais, como o ritmo do sono, o da febre. O bebê gosta do ritmo. Ele usa o ritmo musical para se balançar desde a idade de 6 meses;[2] para dançar, movimenta as pernas cadenciadamente, bate palmas ritmadas; até seus balbucios seguem, com freqüência, uma espécie de ritmo. Mais tarde o ritmo acompanha muitas atividades escolares. Sabe-se o quanto é difícil — e talvez inútil — fazer uma criança recitar a taboada de multiplicar sem apelar para um ritmo vocal, não raro acompanhado de um balanço ritmado do corpo. A lição a decorar apresenta a mesma característica.

Também a poesia de nossas crianças comporta muitas repetições e muitos ritmos. O estudo das fórmulas de escolha ilustra bem isso, com sua repetição contínua, e o ritmo acentuado que caracteriza sua recitação. No próprio conteúdo dos jogos, as formulazinhas são sempre escondidas; os desafios, as zombarias não ficam atrás. Há também as melopéias inventadas pelas jovens que são escandidas como a que se segue, revelada por Mlle. Médici: "Le petit bébé — Qui est sur mes genoux — Je l'aime bien — Je l'aime bien."[3] Enfim, lembremo-nos de que o valor de alguns jogos repousa unicamente em seu ritmo como acontece com o de pular corda e o de bola.

Não é de espantar que também o jogo das crianças maiores seja sempre comandado por esse amor ao ritmo e à repetição. Pensemos nas maneiras pelas quais elas se chamam para o jogo: "Quem quer brincar de...", fórmulas incansavelmente repetidas e escandidas. Pensemos nas cantigas cansativas às quais a criança se afeiçoa de maneira especial. Pensemos naqueles jogos de mocinhas, como "La Tour prends garde",[4] em que o mesmo rito se repete tantas vezes

---

2. Guillaume, *L'Imitation chez l'Enfant*, p. 112.
3. *L'âge de trois ans*, p. 88. "O bebezinho — que tenho nos joelhos — eu o amo muito — eu o amo muito."
4. No original "La Tour prends garde", que talvez se possa traduzir por "A torre que se cuide". Não conseguimos nenhuma referência sobre esse jogo, quer dos livros, quer das pessoas que consultamos. Com base na pequena informação contida aqui, imaginamos ser algo parecido com o nosso popular "Onde está a Margarida" em que muitas crianças, em círculo, escondem uma outra, a "Margarida", enquanto uma vai cantando: "Onde está a Margarida,

quantas sejam as participantes — e, entre os rapazes, observa-se o mesmo processo em jogos como "Grão grão de cevada",[5] em que cada um, sucessivamente, deve escolher entre dois símbolos secretos representando um campo cada um deles.

Uma das manifestações mais vivas desse amor à repetição encontra-se no desenho infantil que é um jogo de um gênero especial. Não só a criança se fixa, na sua concepção de figura humana, num tipo que ela repete, como também não hesita em desenhar um sem número de objetos semelhantes justapostos. Aliás, já publicamos um desenho de casas, com 19 casas de um lado da folha e 18 no verso; mas elementos sem nenhuma significação podem perfeitamente agradar; a criança repete incansavelmente círculos, letras, seja lá o que for; num desenho, encontramos certa vez 79 rodas de carroça!

Trata-se de simples repetição. Mas a atividade infantil pode regrar-se por um nível mais elevado, por uma ordem matemática. Esse é um ponto importante sobre o qual é preciso que nos detenhamos.

Um dos sinais mais marcantes dessa tendência encontra-se na aritmomania que persiste em um enorme número de adultos. Quem de nós não se surpreendeu um dia, andando no meio-fio de um passeio, marcando, por exemplo, cinco passos na junção das pedras, depois cinco passos fora dela? Quem não se surpreendeu contando cinco a cinco, ou três a três, os degraus de uma escada, e tentando constatar, saltando um ou dois degraus, que o número total de passos era um múltiplo exato de cinco ou de três? Às vezes, esse comportamento bizarro toma até um significado mágico: se o número de passos for um múltiplo de três, receberei uma carta. Pesquisas que realizamos durante vários anos com algumas centenas de adolescentes revelaram que cerca de 75% deles conhecem essa mania; o número mais utilizado nesses exercícios é o 3; sendo que os números primos são também privilegiados. Pode-se verificar no adulto, e em especial nas artes, outros testemunhos desse valor excepcional, conferido aos números em atividades que, por seu caráter lúdico ou de

---

olê, olê, olá, onde está a Margarida, olê seus cavaleiros?...", e as demais respondendo: "Ela está em seu castelo, olê, olê, olá etc., etc., A primeira vai retirando as crianças uma a uma, cantando: tirando uma pedra, olê, olê, olá, tirando duas pedras, olê, olê, olá etc., etc. As demais cantam: "Uma pedra não faz falta, olê, olê, olá... duas pedras não faz (*sic*) falta, olê, seu cavaleiro..." Tudo se repete tantas vezes quantas sejam os participantes, ou seja, até ser retirada a última pedra, quando então aparece a Margarida, saudada com alegria: "Apareceu a Margarida! Apareceu a Margarida!". (N.T.)
5. Não conseguimos absolutamente nenhum esclarecimento sobre esse "grain grain d'orge" (no original) que acreditamos ser brincadeira muito marcadamente rural. (N.T.)

atividades próximas do jogo, não pareceriam absolutamente comportar esse aritmetismo.

Na criança, a simpatia pelos números é tal que ela às vezes brinca de contar: vi muitas vezes na rua crianças cujo brinquedo consistia unicamente em enumerar a seqüência dos números. Nada há de espantoso também no fato de que os números venham com freqüência ocupar lugar de destaque nos jogos. Observa-se isso muito bem no jogo da bola. O jogo de "lanternes et bigoubernes" (descrito por J. Renard em seus *Cloportes*) consiste em adivinhar o número de pedras escondidas na mão.[6] No jogo dos queijos, os jovens bascos balançam um de seus companheiros seguro pelos braços, contando: um quilo, dois quilos etc. Mas o testemunho mais notável desse aritmetismo encontra-se nas fórmulas de escolha. Numa amostra de 272 delas, levantadas em 12 escolas, 105 continham números. Que se pense apenas nestas célebres:

1. *Un, deux, trois, nous irons au bois,*
   Quatre, cinq, six, cueillir des cerises...

2. *Une boule, deux boules, trois boules; roule.*

3. *J'ai passé sur un petit pont. — J'ai compté dix-huit bâtons. — Un, deux, trois... dix-huit.*

4. *Une oie, deux oies... sept oies, c'est toi.*

5. *1, 2, 3, 4, 5, 6, 7, 8, 9. — J'ai trouvé un bœuf...*

6. *1, 2, 3..., 12, Toulouse.*[7]

Há um geometrismo infantil tão notável quanto o aritmetismo. Ele é encontrado já nos jogos educativos explorados nas escolas ma-

---

6. Entre nós temos o popular jogo de "purrinha" em que os participantes escondem em uma das mãos pedaços de palitos de fósforo. Cada participante arrisca um número que deve corresponder ao total dos pedaços, considerando-se a soma de todos eles. Ganhará cada rodada quem acertar esse total, e a partida quem acertar maior número de vezes. Há termos próprios desse jogo: quem diz, logo de início "marraia" adquire o direito de ser o último a dar o palpite; "lona" significa zero. Parece-nos que se pode, de certa forma, relacionar o "lanterne et bigoubernes" com a "purrinha", já que não conseguimos nenhum esclarecimento melhor. Em ambos há a preocupação com os números, apesar de o nosso ser mais complexo e jogado por adolescentes e adultos. Mais do que simples adivinhação, nosso jogo exige cálculo. (N.T.)
7. Veja-se que o que interessa é a rima sempre presente: trois/bois; six/cerises; boule/roule; pont/bâtons; sept oies/c'est toi (aqui há também um jogo de palavras); neuf (9)/boeuf; douze (12)/Toulouse. Nós temos, igualmente: Um, dois, feijão com "arroiz" (*sic*); Três, quatro, rabo de pato; Cinco, seis, ficou "fregueis" (*sic*) etc. Note-se que o que interessa é a rima, que é forçada em alguns casos. (N.T.)

ternais. A forma geométrica dos cubos, bem longe de desagradar a criança, dá, ao contrário, a possibilidade de resultados que a encantam, tanto é que o jogo de cubos é o preferido das crianças daquelas escolas. O sistema de Mme. Montessori apela sempre para esse geometrismo, e de maneira mais ampla para o amor à ordem: pensemos na torre rosa, na escada, nos encaixes. Desde essa idade, e mesmo mais cedo, a criança pode, como um adulto, divertir-se empilhando livros uns sobre os outros, ordenadamente. "A ordem, diz Mme. Montessori, é uma daquelas necessidades que correspondem a uma verdadeira alegria de viver."[8] Entre outros exercícios das escolas maternais da mesma inspiração, citemos os de Bardot e Claveau, muito utilizados na França, cuja inspiração geométrica e metódica é evidente. E as laçadas não implicam também um método?

Não é então surpreendente que, deixado à vontade, o pequeno da escola maternal chegue rápido a desenhar figuras geométricas com os objetos, grãos e conchas que estejam à sua disposição. Faça a experiência: deixe uma criança de 5 ou 6 anos brincando com grãos numa mesa; é quase certo que ela os disporá segundo formas geométricas (imperfeitas, é claro).

Se passamos agora ao desenho que, para a criança, é um autêntico brinquedo, observaremos aquelas "figuras humanas de formas geométricas" de que Perez já falava. Torsos quadrados, rostos redondos rivalizam aqui com aquelas árvores cujos galhos são perpendiculares ao tronco. Há mesmo muitos desenhos sem nenhum significado (ao menos no original, porque, interrogada, a criança achará logo um sentido) cujo encanto provém unicamente de sua regularidade; uma forma freqüente consiste num quadrado com suas diagonais (forma comum também nas garatujas que o adulto faz num papel, enquanto pensa noutras coisas).

Os jogos com terra, muito difundidos em nossos pátios no verão, testemunham no mesmo sentido. O pequeno contenta-se facilmente fazendo uma linha reta ou um círculo. Os grandes transformam a terra em cores, depois fazem edifícios mais ou menos geométricos. Basta observar os castelos construídos nas areias de nossas praias para não se ter nenhuma dúvida quanto à existência de um geometrismo infantil.

Poderíamos encontrar inúmeras outras provas dessa tendência. Limitemo-nos a assinalar o caleidoscópio e esse brinquedo tão querido dos pequenos camponeses que consiste em cortar com uma faca um pedaço de madeira ou um talo de repolho: as figuras produzidas são sempre geométricas.

---

8. *L'enfant*, p. 55.

Amor aos ritmos e às repetições, aritmetismo, geometrismo nada mais são do que manifestações especiais da necessidade de ordem que se encontrará igualmente no gosto da criança pelas coleções, judiciosamente utilizado pelo método Decroly. Essa necessidade de ordem nasce sem dúvida de fatores muito diversos. De um lado, da necessidade de simetria, simplicidade, harmonia que os "psicólogos da Forma" descobriram no trabalho sobre nossa percepção espontânea. De outro lado, de um temor do não-familiar que a criança, ainda pequena, mostra claramente: foi assim que depois da última guerra, crianças pequenas recusavam as bananas, frutas então preciosas, mas incomuns. Esses dois fatores são observados também entre os animais. Mas na criança eles se combinam para resultar, graças à afirmação do *eu*, num amor à ordem que tem significado num outro nível.

O objeto colocado em ordem é o que podemos reencontrar, como o objeto familiar é aquele com que sabemos como agir. A ordem facilita, portanto, a ação pela qual o *eu* se expressa e se afirma. Por meio dela, não apenas eu reencontro os objetos, mas também, e sobretudo, eu "me encontro nela", como diz a linguagem popular. Eu me reconheço nela, eu encontro nas coisas um instrumento dócil de minha ação; um mundo em ordem é um mundo de utensílios, como diz Heiddeger, um mundo moldado pela e para minha ação. Colocar ordem no mundo é, portanto, dispô-lo em função de meus gestos futuros, conformá-lo a meus atos, assimilá-lo a mim. Um quarto ordenado testemunha a personalidade de seu ocupante. Pela ordem, minha personalidade transparece, de alguma forma, nas coisas; eu me approprio delas. Deixo nelas a minha marca, um testemunho de mim mesmo. Um monte de pedras, pelo fato de ser nitidamente obra artificial, disposição arbitrária, revela uma ordem que não é natural; o "cairn",[9] simples monte de pedras no alto de uma montanha, testemunha a passagem do homem naquele lugar. Se ao cavarmos um terreno, encontramos pedras dispostas em ordem como um muro, reconhece-se também obra humana. A ordem é então como a marca que ponho sobre as coisas, como a impressão do meu emblema. Ou ainda como as iniciais que as crianças gravam no tronco das árvores para atestar sua passagem (e os adultos sob esse aspecto são sempre crianças). O amor à ordem é, portanto, assim como o apelo do mais velho, uma das formas utilizadas na busca da auto-afirmação. Se o apelo do mais velho determina o alvo, o amor à ordem, por sua vez, estabelece o meio a empregar.

---

9. No original "cairn", palavra irlandesa que designa aquelas pedras artificialmente dispostas numa montanha para indicar que ali esteve alguém; recurso utilizado pelos antigos celtas. (N.T.)

Mas, objetará o leitor, até aqui esse meio parece frágil demais, em vista do vasto domínio do jogo infantil. É que ainda não insistimos na conseqüência mais importante desse amor à ordem, isto é, no amor à regra. A regra é a ordem posta em nossos atos. Podem-se distinguir duas noções de ordem. De um lado, uma ordem objetiva, como a dos números ou a dos rios a atravessar para ir de Paris a Bordéus. De outro lado, uma ordem subjetiva, aquela que eu ponho, para facilitar o jogo, nos meus atos e pensamentos. Mas é preciso considerar que só tomamos conhecimento da ordem objetiva em função de nossos comportamentos. Como as distâncias são em primeiro lugar trabalhos a realizar, os obstáculos são julgados em função desses trabalhos; sua ordem está implícita no trabalho, e não na existência exterior. Só mais tarde é que o homem chega a projetar para fora de si, no domínio das essências, das ordens independentes em aparência, como a ordem dos números ou a das hipóstases divinas. De fato, a ordem da ação vem primeiro e é ela que comanda conseqüentemente a ordem dos pensamentos e a das coisas. Não há várias ordens, o que há são vários níveis de uma mesma noção de ordem. E a regra corresponde a um desses níveis, a um nível ainda muito inferior.

Antes que a criança tenha atingido o uso fácil do pensamento representativo, a ordem que ela estabelece no mundo dirige-se ao mesmo tempo às coisas e às suas ações; ela ainda não sabe distinguir seus atos do objetivo final, não separa a coisa da atividade que a ocasiona como não separamos o calor da caldeira. A ordem não é, então, para falar exatamente, nem subjetiva nem objetiva, mas as duas coisas a um só tempo ou, melhor dizendo, precede tanto uma quanto outra.

Mas, quando o manejo do pensamento representativo se desenvolve, vemos aparecer, com a regra, como que uma interiorização da noção de ordem, uma ordem subjetiva. Desde suas primeiras representações ou, o que dá no mesmo, desde os primeiros jogos representativos, a criança apela para uma regra embrionária. Os modelos que ela copia não são igualmente regras que dirigem seu comportamento? Brincar de mãe e filha, por exemplo, implica um certo número de gestos, de atividades que dependem do modelo real. A concepção que a criança faz do modelo é como a regra do jogo. Todo jogo de imitação contém assim regras implícitas, mas que não estão ainda separadas do modelo concreto: a mãe, a professora, a vendedora. Mais tarde aparecem regras desligadas do modelo concreto, regras arbitrárias. E é com essas primeiras regras elementares que se vai de fato precisar a noção de regra.

Uma criança de 5 a 7 anos tem uma variedade de jogos rapidamente inventados e esquecidos que consiste em seguir tais regras.

Tanto esses jogos parecem constituir uma atividade secundária que são de pronto completamente esquecidos. Parece-nos entretanto que sua freqüência e variedade devem conferir-lhes melhor sorte. Muito cedo já se observam seus esboços. Veja-se, por exemplo, uma criança de um ano e meio observada por Mme. Montessori; seu jogo consiste unicamente em transportar, um a um, uma pilha de guardanapos de um a outro canto da sala, depois recolocá-los no lugar de origem. Vejam-se todos os jogos de arrumação, esses jogos geométricos com grãos, dos quais falamos anteriormente, que supõem uma regra formulada interiormente. Mas há jogos cuja essência é ainda mais evidente. Que pensar daquele tipo de jogo que praticamos seguindo a borda de um caminho? Que outra atração ele apresenta além da simples obediência a uma regra arbitrária? E que não se veja nesse comportamento nada de patológico. Ele é muito geral, persiste comumente muito tempo para não ser natural (a menos que se queira ver o patológico no que é a regra geral; mas é seguir o doutor Knock); é muito semelhante a mil jogos análogos: repetir determinada fórmula aos gritos; andar nos calcanhares ou num pé só; caminhar seguindo exatamente as pegadas que um amigo deixou no chão; parar de pedalar a bicicleta diante de cada árvore; andar em cima de um muro; subir de costas uma escada ou de dois em dois degraus; andar fazendo careta etc. A criança inventa continuamente tais jogos, às vezes extremamente simples, como seguir os limites do pátio para atravessá-lo (criança de 3 anos e sete meses) ou rodar em torno de si mesma repetindo: "Meu papai, minha mamãe, minha escola" (uma menina de 3 anos).

Uma regra dessas é imposta de dentro, arbitrariamente. Para formulá-la, a criança deve perceber bem a situação: presença de um muro ou de uma árvore derrubada, pátio de medidas irregulares, calçada com meio-fio. Mas a situação não determina a existência de uma regra. Além disso, enquanto nos jogos de imitação, o modelo concreto dita a regra a seguir para imitá-lo, aqui o objeto do jogo pode servir a fins múltiplos, e a criança escolhe arbitrariamente, imagina um ou outro fim. A regra arbitrária pode até aparecer completamente fora da situação; assim em todos esses jogos que consistem em caminhar de maneira bizarra, ou em repetir fórmulas estranhas. Sozinho, o corpo entra aqui no jogo, ele constitui a condição única. Muitas condições externas, uma única condição interna, o corpo.

É possível seguir assim a trajetória pela qual a criança, partindo de atividades práticas, instintivas, comuns ao animal e ao homem (exceto diferenças entre os instintos), chega a uma atividade que é de origem abstrata e interior. A princípio, o ato se prende ao objeto e depende sobretudo dele; o corpo e as necessidades presentes sem dúvida intervêm, mas como condição insuficiente: não basta ter fome para beber. O ato é assim a resultante de um complexo interno-externo constituído de necessidades e de seu objeto de satisfação. O ser está inteiramente mergulhado no mundo concreto. Com os jogos gratuitos, ele se destaca do mundo no sentido de que a presença do objeto de jogo perde sua influência; a necessidade de jogar de tal maneira não sendo mais vital e tirânica, como as outras necessidades, a criança pode, em presença de um brinquedo, desprezá-lo para praticar um jogo de outra natureza (ainda que para um ser que está com sede, a presença de bebida comande o ato de beber). O jogo não é, portanto, mais dirigido de fora estreitamente; a extensão de seu domínio permite variações contínuas, o bebê não é forçado a brincar com o chocalho como é obrigado a beber; se ele não tem chocalho, passará muito bem sem ele. Com o jogo figurativo, cresce a independência em relação à coisa. Não há mais necessidade da presença do modelo nos jogos representativos, apenas sua lembrança é necessária, e essa lembrança eu a trago comigo, em mim mesmo. O papel dessa lembrança pode, aliás, reduzir-se extremamente, pois toda recordação tende a estilizar-se, a simplificar-se. O jogo da boneca pode, certamente, ser realizado com uma boneca, mas pode igualmente acontecer com qualquer objeto; e até pode-se dispensar todo e qualquer objeto no gesto de ninar um bebê. Com essa última conduta, estamos nos limites da regra arbitrária. Embalar um bebê imaginário é um jogo que se prende ainda ao concreto pela lembrança vaga do bebê. Mas se essa lembrança cede lugar à simples concepção de um jogo que consiste em fazer o gesto de embalar, terei passado a uma regra arbitrária. A sucessão de condutas de jogo até por volta de 6 ou 7 anos testemunha uma trajetória da criança para noções não concretas, em direção à formação de sistemas de regras abstratas.

Em que a aparição dessa regra arbitrária pode corroborar a afirmação do *eu* que consideramos o motor da infância? Para compreendê-lo, basta que continuemos a análise que fizemos anteriormente do papel da noção de ordem, já que a regra nada mais é do que uma especificação dessa noção. Regular sua conduta é ordená-la, isto é, ser seu senhor. Quando concebo um projeto, como seguir a beirada da calçada, e o realizo, garanto fazer gestos que me pertencem plenamente. Manifesto minha vontade pela permanência de meu ato: seguir a calçada; não me deixo desviar nem pelas dificuldades, nem pelas tentações que vêm de fora. Não me deixo levar por caprichos. Eu me afirmo por um ato meu. Para a criança pouco capaz de obra laboriosa que dure e proclame o valor de sua personalidade, o ato feito de acordo com uma regra substitui a obra. Se é um ato que morre no nascedouro, se o jogo regulamentado é uma atividade sem futuro, enquanto brinco sinto que minha personalidade se afirma através dessa "obediência à lei que se prescreveu", na qual Rousseau via a própria liberdade.

Mas essa liberdade é muito perigosa. Porque sendo a regra, em princípio, simples auto-afirmação, pode rapidamente degenerar em servidão. Já que posso formular eu mesmo as regras de meus atos, posso crer em minha autonomia. Mas veremos como a criança inventa pouco, como ela ressente a dificuldade na busca do novo. Ademais, as regras que inventa arbitrariamente são elementares; não podem proporcionar um jogo prolongado. Os jogos de regras arbitrárias, já o dissemos, são inventados e logo esquecidos. Quando a criança não é mais constrangida por aquela instabilidade que caracteriza seus primeiros anos, esses jogos se revelam insuficientes. Por outro lado, pecam por não atender ao apelo do mais velho. Os jogos de regras arbitrárias são como um entreato entre dois atos em que atua o mais velho. Surgem muito cedo, mas só se desenvolvem de verdade na hora em que declinam as imitações do adulto, no fim da segunda infância e no começo da terceira, *grosso modo* de 5 a 8 anos. Há uma época em que a criança abandona pouco a pouco o culto dos adultos para se contentar com o culto dos grandes; é nesse intervalo principalmente que os jogos de regras arbitrárias podem ter lugar. Mas, à medida que o apelo do grande ganha força, eles cedem lugar a jogos de outro tipo, jogos de competição (logo sociais) e os imitados dos jogos tradicionais. Ao mesmo tempo, já o vimos, a sociedade segmentária se concentra gradativamente. Os jogos de regras arbitrárias, geralmente jogos solitários, não podem, portanto, persistir. Em compensação, preparam os jogos competitivos. Todo jogo desse gênero pode, com efeito, dar lugar a um desafio e a uma aposta.

Com os jogos posteriores, a regra torna-se então mais ou menos coisa social. É evidente em relação aos jogos tradicionais; mas no jogo de competição, a regra que estabelece o obstáculo a ser vencido torna-se também social quando o participante lança um desafio. Por meio desses jogos, a criança acaba então por se submeter a uma regra exterior. Ela combina assim os jogos de imitação da segunda infância, também eles dirigidos de fora. Mas enquanto nos jogos de imitação dessa idade há um modelo, aqui é uma regra abstrata que fornece a trama do jogo. Ademais, a sociedade adulta não tem mais lugar no jogo. As regras tradicionais vêm da sociedade infantil. Ora, essa sociedade impõe regras rígidas; ela é tirânica, e o mentor é seu símbolo vivo. Algum tempo depois de se ter livrado, na idade da graça, da pressão adulta, a criança mergulha de novo na rotina social. A moralidade que apela para regras fixas, dogmas, essa moralidade que é a do homem de princípios, não será quase sempre o triunfo da passividade e da dependência? É contra essa moralidade feita de regras imutáveis que o adolescente se insurgirá.

B. — Os obstáculos à disciplina

A criança ama a regra; na regra ela encontra o instrumento mais seguro de sua afirmação; pela regra, ela manifesta a permanência de seu ser, de sua vontade, de sua autonomia. Por que é necessário então tanto tempo para que a criança se submeta às regras tradicionais da sociedade infantil? Como uma criança que, por volta dos 5 anos, inventa jogos de regras arbitrárias, espera em média cerca de cinco anos para conseguir seguir com perfeição suficiente regras que a põem em contato com seus pares?

Sem se mencionar que há aqui duas espécies bem diferentes de regras, a regra arbitrária vinda do ser autônomo e uma regra exterior cujo primado consagra a heteronomia do ser. De fato, a criança não sente essa distinção como o adulto. A regra social, longe de ser inferior à autoprescrita, lhe é superior. Provém, na verdade, dos mais velhos; traz consigo toda aquela majestade difusa mas vigorosa aliada aos veteranos, longe de impor-se, de constranger (como geralmente a regra adulta), age por seu atrativo. A criança tem muito mais consciência de seu crescimento na obediência a essa regra tradicional do que na invenção de regras arbitrárias. Ela distingue bem entre o "jogo verdadeiro", em que se joga "pra valer", e as variantes que pode ocasionalmente inventar; para ela, apenas as regras do jogo verdadeiro têm valor; as demais são meras convenções passageiras.

O obstáculo à disciplina das regras tradicionais não provém, portanto, de sua natureza de regras estabelecidas por outros, muito ao contrário; uma observação nesse sentido só vale para algumas regras adultas. É noutro lugar que é preciso buscar os obstáculos que impedem o estabelecimento precoce de uma sociedade de jogo segundo as regras tradicionais. O que importa não é tanto a natureza e a origem da regra, mas seu alcance social. A disciplina de jogo supõe, de fato, desde que aparece um grupo não segmentário, uma colaboração entre seus membros. É essa colaboração que é difícil. Procurando os obstáculos contra os quais ela se choca, iremos, ao mesmo tempo, analisar aqueles que impedem, de um lado, a disciplina estrita do jogo, e, de outro, a formação de uma sociedade estável.

Livremo-nos de início de um certo número de fatores secundários, que são muitos. Citemos, por exemplo, a atração da coisa percebida que nos impele em sua direção. Tem-se observado que o automobilista ou o ciclista neófitos são como que atraídos pelo obstáculo. Em muitos casos, o objeto percebido exerce sobre nós como que uma espécie de fascínio, e até nos incita a ir em frente. No jogo da criança, essa tendência costuma intervir. Assim, no jogo de fuzilamento, as crianças que fingem atirar com fuzis imaginários em um de seus companheiros amarrado às grades do pátio, não podem, apesar dos esforços dos grandes que organizam o jogo, deixar de avançar em direção ao fuzilado, dando lugar à desordem. Lembro-me ter observado um dia duas crianças de cerca de cinco anos executando uma espécie de dança selvagem: a dança acabava sempre aos empurrões, porque as duas crianças iam se aproximando tanto uma da outra que acabavam se chocando.

A *instabilidade* dos pequenos também é notável. Quando os pequenos participam de jogos com os grandes, acontece-lhes com freqüência se aborrecerem e procurarem outra ocupação; deixam o jogo para ir ver um carro que passa na rua; na cabra-cega, no jogo do gato e do rato, eles podem conservar seu lugar na roda, praticando o jogo solitário, por exemplo, fazendo desenhos na terra. Basta observar alguns minutos os pequenos da escola maternal para constatar com que facilidade eles passam de um brinquedo a outro. Os psicólogos têm tentado medir de várias maneiras as variações dessa instabilidade. Bertrand e Mme. Coret verificaram que a persistência de uma criança num jogo que escolheu vai de 10 minutos, em média, para as crianças de 3 a 4 anos, a 26 minutos para as de 6 anos. Ch. Bühler, para as mesmas idades, encontra médias comprobatórias para brinquedos particulares (de 24 a 48 minutos para os jogos de construção; de 15 a 78 minutos para os de classificação). Segundo o mesmo autor, o número de distrações no decorrer de um mesmo jogo passaria de 12,4 em média entre 3 e 4 anos a 6,4 entre 5 e 6 anos. Compreende-se que essa instabilidade possa ser um obstáculo maior à organização de um jogo de grupo em que cada um tem seu lugar determinado. O jogo de conjunto só pode progredir lentamente, à medida que decresce a instabilidade.

Outro fator, que não deve ser esquecido, consiste na *incapacidade fisiológica* dos pequenos para praticar alguns jogos tradicionais. Não se pode implementar uma atividade esportiva em qualquer idade, como sabem os ginastas. É preciso também ter em conta o sexo: na maior parte dos esportes atléticos, as moças são mais precoces em pelo menos dois anos (quatro anos para o salto em altura). Os tenistas sabem como o serviço normal do tênis é difícil para os rapazinhos e para as mulheres. As mulheres, por razões fisiológicas claras, não atiram uma pedra como os homens. Por muito tempo, o jogo da amarelinha é difícil para as garotas; da mesma forma, a caminhada num pé só: essas são atividades quase impossíveis para as crianças da escola maternal. Freqüentemente os jogos de grupo tentados na escola maternal fracassam por razões fisiológicas: no cavalinho, o cavalo cai, incapaz de carregar o cavaleiro.

Tratemos agora dos dois obstáculos essenciais: o egocentrismo e a euforia. O egocentrismo não é prerrogativa da criança, mas é encontrado também no animal e no adulto. Consiste em ter, do mundo, uma visão cujo centro é o *eu*, em manter-se numa única perspectiva, a própria, esquecendo todas as demais, aquelas que outrem conhece. Face a um problema qualquer, um homem normal e culto vislumbra sucessivamente diversos pontos de vista, os diversos lados da questão. Ele se pergunta o que lhe acontecerá em tal hipótese e o que, na mesma hipótese, acontecerá aos outros. Tenta sair de si mesmo, perguntar-se o que pensaria uma outra pessoa na mesma situação, o que pensarão os outros a respeito das atitudes dele. Temos, no geômetra, o exemplo perfeito desse cuidado em evitar o egocentrismo: quando olho um cubo, só percebo um aspecto, e a figura que posso desenhar no quadro negro só me proporcionará também um aspecto desse cubo; mas se não me apego a esse aspecto, imagino as perspectivas que teria se me colocasse noutra posição em relação ao cubo; tento livrar-me dessa perspectiva imposta pela percepção, e para ver de alguma maneira o cubo de todos os lados de uma só vez. Assim faço desaparecer o primado do meu corpo como centro perceptivo, penso como se não estivesse, pelo meu corpo, preso a um lugar — e, por conseguinte, a uma perspectiva do mundo. Essa atitude do geômetra é o tipo da atitude refletida que recusa julgar as coisas pela sua aparência particular, aparência que é função de nossa situação no mundo, mas que considera todos os pontos de vista possíveis. Para avaliar uma montanha ou uma cidade é preciso tê-los visto de vários ângulos e ser capaz de coordenar esses pontos de vista em um sistema não perceptivo que será a cidade ou a montanha; da mesma forma, para resolver um problema técnico, social ou político, é necessário conseguir sair do subjetivismo para ver o problema de forma ampla e objetiva.

O egocentrismo reside numa incapacidade de realizar essas viagens de exploração imaginária, numa incapacidade de mudar de ponto de vista. Avaliar uma cidade, uma montanha, um problema humano a partir do aspecto que ele se me apresenta, num dado momento, é deixar-me levar pelo egocentrismo. Vê-se por aí como essa noção de egocentrismo é importante para o psicólogo. Egocêntrico o cortesão que, vendo passar Usbech e Rita nos salões de Versailles, exclama, segundo Montesquieu: "Como se pode ser persa?" Egocêntrico o chauvinista para quem seu país sempre tem razão. Egocêntrico o sectário que se recusa a considerar as crenças e as doutrinas que não as de sua seita, de seu partido, de sua igreja. Egocêntrico o patrão que só vê seus lucros, e o assalariado que só vê seu salário. Em todos esses casos, o egocentrismo resulta de uma incapacidade — freqüentemente favorecida pela má-fé — de mudar de sistema, de tomar outras coordenadas; ele comporta uma rigidez do pensamento, uma falta de sutileza intelectual. Revela um pensamento muito fortemente dirigido num determinado sentido. Como o volante do automóvel quando é travado.[10]

De onde vem esse travamento do volante? Falamos, ainda agora, de má-fé, e é um caso freqüente. Quantos de nós recusamos, de má-fé, entender os argumentos que nos desagradam, a fim de manter nossa opinião e de preservar nossos preconceitos? Nesse sentido, o egoísmo pode muitas vezes dar origem ao egocentrismo. Nem sempre, entretanto, porque é às vezes útil ao egoísmo conhecer o ponto de vista do adversário. Mas deve-se reconhecer a existência de um egocentrismo intencional e mesmo voluntário, às vezes: "Não quero te entender."

Esse egocentrismo, entretanto, nada mais é do que uma derivação secundária, uma formação própria ao adulto que calcula. Se se quer achar a origem do egocentrismo, é preciso considerar que abismo o separa do egoísmo. Quantos intelectuais, perdidos em suas reflexões, são incapazes de se colocarem no lugar do próximo. Há em Balzac uma personagem muito significativa, é a de Balthazar Claes que, apaixonado pela procura da pedra filosofal, arruína, em pesquisas, sua família que não obstante ele adora, sem se dar conta dos desastres que semeia a seu redor. Veja-se uma criança de sete anos que se diverte lendo e, ao lado, um pequeno de quatro anos que não sabe ler e que chora; suponha que, para consolar o garoto, o maior lhe dê seu livro. Temos aí um exemplo de puro egocentrismo, aliado a uma evidente benevolência. É por aí que se pode compreender a coexistência na criança da crueldade em relação aos animais e da benevolência que ela demonstra em outras ocasiões: para lastimar o animal que sofre, é preciso poder "colocar-se no seu lugar". Os jogos com os animais são assim quase sempre o testemunho do egocentrismo infantil. A criança que brinca de afogar moscas para em seguida reanimá-las colocando-as no sal é a mesma que, numa outra ocasião, estará cheia de amor por uma libélula; para ela não há nisso nenhuma contradição; e ela compreende mal, em sua pouca idade, por que o gato se irrita quando se lhe puxa o rabo.

Essa atitude nada calculada, de nenhuma má-fé na criança, provém unicamente de uma rigidez dos sistemas intelectuais ainda muito jovens. O pensamento nascente da criança permanece por muito tempo incapaz de se desligar da perspectiva concreta e egocêntrica que é a do ser não conhecedor da representação, não de

---

10. A propósito dos *Idola specus*, Bacon dá um boa definição do egocentrismo, citando Heráclito: "Os homens vão procurando as ciências em seus pequenos mundos particulares, e não no mundo universal, isto é, no mundo comum a todos" (*Novum Organum, Aph.*, p. 42). A maior parte dos *Idola* que Bacon examina não são manifestações de egocentrismo?

69

posse desse maravilhoso meio de mudar as coisas de lugar e de variar os pontos de vista representando os seres em sua ausência. O animal, ligado a suas percepções presentes, porque não pode combinar lembranças e imagens para ter uma representação imaginária de uma situação ausente, vê sempre o mundo a partir desse corpo que é o lugar de seus desejos e sofrimentos, e o ponto para onde convergem todas as repulsas e todos os apelos que vêm de objetos interessantes. Pela representação, a criança se liberta dessa situação presente, mas essa libertação não se faz em um dia. E por muito tempo ainda o adulto terá dificuldades quando se tratar de colocar-se no lugar de outrem.

Voltemos agora ao jogo. É bastante claro que essa dificuldade do pensamento infantil em mudar de perspectiva deva ser um grande problema nos jogos em que é preciso colaborar. Se sou como que amarrado por meu egocentrismo, como poderei adaptar meus atos aos de meu parceiro; seria preciso que eu adivinhasse com antecedência o que ele iria fazer e soubesse o que ele queria que eu fizesse. Sabe-se quanto, em certos esportes, é preciso, entre os jogadores, uma solidariedade estreita, uma compreensão mútua, como se pensassem com a mesma intuição; assim é com a dupla de tenistas, ou com os cinco no basquete. Esses são, sem dúvida, casos extremos, mas muitos jogos infantis exigem solidariedade semelhante. Para representar uma cena, cada um deve dominar seu papel e compreender o do vizinho. No jogo "vaca de corridas",[11] o toureiro e a vaca são como solidários um ao outro. Quando pequeninos da escola maternal querem realizar uma corrida, cada um corre por si mesmo, sem se preocupar com os outros. Daí também a dificuldade para os pequenos, ainda muito inocentes, em participar de jogos em que é preciso saber enganar ou dissimular.

E, no entanto, não pensamos que seja necessário dar tanta importância ao egocentrismo no jogo como pensam alguns autores. É notável, com efeito, que, desde a escola maternal, as crianças realizem às vezes verdadeiros jogos de cooperação, como já assinalamos (vaca de corridas, charrete, cadeira, por exemplo). Ora, estamos numa idade em que o egocentrismo está ainda com toda a sua força. Será então que se pode cooperar de uma maneira egocêntrica? É ainda mais notável que, após esses tímidos ensaios de cooperação, a criança deva esperar vários anos uma cooperação regular, sem fazer grandes progressos nesse sentido. Não se pode considerar que o simples enfraquecimento do egocentrismo explique a passagem a uma verdadeira cooperação; senão essa passagem seria mais rápida e mais

---

11. No original, "vache de courses". Não conseguimos maiores informações sobre esse jogo. (N.T.)

regular. Será preciso, então, fazer intervir aqui um outro fator, próprio dessa terceira infância durante a qual a criança é incapaz de amadurecer suas primeiras cooperações e de levá-las à sua conseqüência lógica?

A resposta à primeira questão é fácil. Nem sempre é necessário penetrar as intenções de outrem para poder cooperar com ele. Pode-se dizer que o cão de caça compreende a alegria do caçador com quem forma uma equipe homogênea? Claro que não. O soldado que obedece a ordens coopera numa batalha, sem por isso ter uma visão geral dela, como o chefe. Há, portanto, duas espécies de cooperação, uma passiva, a do cão de caça ou do soldado, e uma cooperação ativa, a do jogador de uma dupla ou do jogador de vôlei que saca; a do ator, a de dois escritores que escrevem em parceria ou de pesquisadores que trabalham em equipe. Desde que exista um mentor capaz de organizar um jogo, a criança é — teoricamente — capaz de cooperação passiva. A cooperação ativa aparece aos poucos e só se desenvolve plenamente com a adolescência, nos seres imbuídos de personalidade.

Se, durante a terceira infância, essa possibilidade de cooperação continua teórica, é então que intervém um outro fator que é preciso estudar agora. Esse outro fator, parece-nos ser a euforia [12] que Alain, precursoramente, considerou de extrema importância.

Há indivíduos menos ou mais irritadiços. Em um, a menor raiva vai imediatamente a extremos; enxerga vermelho, esmurra a mesa, urra. Noutro, nada disso, a raiva se recolhe, mas desenvolve-se lentamente e fica sempre contida. O choro também, sobretudo nas crianças e nas mulheres, pode chegar à irritação e a verdadeiras convulsões em certas ocasiões. Há igualmente risos tolos, que se desenvolvem e se renovam como ondas sucessivas; se bem que acaba-se rindo sem saber por que, apenas porque se ri. O riso se alimenta e se comanda por si mesmo, por uma espécie de circuito interno; ele é a um tempo sua própria causa e efeito. Se procurarmos no animal, encontraremos uma irritação semelhante no cavalo fogoso ou no cachorrinho que se põe a morder e a correr em círculos. A euforia, essa espécie de comportamento que se excita a si mesmo, é um fato comum entre os seres vivos superiores.

Mas ela toma uma força singular durante a terceira infância, pelo efeito da timidez e da vaidade próprias dessa idade. Pode-se considerar a euforia em geral como o resultado de uma energia imobilizada pelo próprio ato, e que transborda, dando aos gestos mais rapidez, mais violência, mais rigidez também, até à fadiga final que

---

12. Veja-se a nota 1 no prefácio.

repõe os músculos em ordem. Ora, essa mobilização de energia pode ser favorecida por certos estados afetivos. É por isso que emoções, raiva, choros ou risos chegam tão facilmente a extremos. Ora, a alegria da conquista pode ter o mesmo efeito. A euforia nasce às vezes do simples anúncio de um sucesso, como se vê, nos jovens, na divulgação do resultado de um exame: essa alegria pode tomar conta de jovens diplomandos que gesticulam, falam alto e, sem pensar, deixam-se levar por atos condenáveis, pelo único efeito da energia de sua alegria. Na criança de 7 a 10 anos, o jogo pode, sozinho, provocar esses mesmos efeitos, sobretudo quando o pequeno tem a honra de brincar com os grandes e, por essa presença augusta, sente-se enobrecido. Vimos como a criança dessa idade é valiosa. É, portanto, natural que o menor sucesso possa, nela, provocar um transbordamento de energia e de atos.

Ora, os atos que nascem nessas ocasiões são mal controlados e excessivos em razão do próprio excesso de energia que os libera. A euforia é sempre desajeitada e sem medidas. Ela desorganiza os jogos, perturba sua ordem e põe os mentores em má situação. Os grandes devem então desconfiar dos pequenos que aceitam em seus jogos, já que o jogo dá ao pequeno um papel ativo e o eleva acima de si mesmo. Uma professora da escola maternal pode conseguir colocar suas crianças em fila porque essa atividade não provoca nenhuma alegria especial. Mas se os grandes organizam uma fila no pátio com a participação de pequenos, a coisa é totalmente diferente. O pequeno se alegra muito, sua alegria explode em todas as suas atitudes, palavras, gestos, e logo ele anda muito depressa, sai da fila para conquistar um lugar mais na frente e para olhar a turma; em vez de cantar, ele urra até ficar vermelho. É preciso que o mentor e seus ajudantes intervenham para fazê-lo retomar seu lugar. Ora, esse é um fato corriqueiro em certas ocasiões. Para os pequenos, nessa hora a caminhada vira corrida, o canto vira gritaria e a disciplina vira anarquia. Nunca pude ver, num jogo, os pequenos se conservarem em seus lugares na fila. Em qualquer tipo de jogo é sempre a mesma desordem. Em todos os jogos a euforia é igualmente devastadora. Qualquer jogo se presta a isso. Os meninos de 7 e 8 anos voltam o mais rápido possível ao momento do jogo em que a roda se desfaz.

Essa euforia se encontra até mesmo nos jogos solitários, em alguns indivíduos dessa idade. Quando correm, correm até a exaustão; quando rodam, rodam até perder o equilíbrio. Com mais razão, essa conduta surge e cresce exageradamente nos jogos de conjunto que ela torna impraticáveis.

Eis, então, os principais fatores que retardam a constituição de um jogo disciplinado e o nascimento da sociedade infantil. É certo que esses fatores podem variar de criança para criança e de idade para idade. Mas nunca faltam elementos perturbadores no grupo segmentário da terceira infância. Para que haja disciplina, é preciso que o grupo seja limitado e que o jogo praticado seja um daqueles jogos calmos que inibem qualquer euforia. Cabe-nos, agora, examinar os fatores antagonistas que triunfarão no final das contas.

C. — O objeto, o adulto e o grupo

Estudamos já o amor à ordem e à regra. Esse é um fator essencial, e por isso lhe dedicamos um estudo especial. Mas há outros fatores que agem do exterior: o objeto, o adulto e o grupo infantil.

Acontece muito que o objeto nos pegue de fora de tal forma que os nossos atos parecem ser comandados por ele. Certas situações só têm uma saída. O alpinista pode, em face de uma passagem difícil, saber que não há outro caminho para descer: a situação lhe determina imperiosamente certos gestos: agarrar-se nessa saliência, seguir esse atalho, usar uma corda dupla. O vento numa tempestade comanda a maneira de soltar — ou não — as velas. O machado determina certo movimento amplo do braço que o balança antes de bater. Um tecnólogo, como Leroi-Gourhan, pôde tentar classificar os instrumentos segundo os gestos que determinam; o gesto da tesoura não é o gesto da faca.

Quando a criança usa auxiliares de jogo, deve, também ela, obedecer-lhes constantemente. Sem dúvida acontece também que o objeto desempenhe apenas um papel de suporte da imaginação, apenas um gancho onde prender os sonhos: a natureza da boneca importa menos do que as intenções da criança que a embala e alimenta. Uma vara pode ser, também, de acordo com o momento, fuzil, cavalo, varinha de condão. Mas há objetos menos flexíveis, cuja natureza o jogo deve levar em conta.

O melhor exemplo é a corda de pular. Essa corda tem um peso, uma flexibilidade, um comprimento determinados. Se a estico muito, ela mal tocará o chão e o movimento será excessivamente lento; se for muito flexível, desenhará arabescos no ar e não posso fazer nada. Mas desde que me convenha, eis meus gestos dirigidos de perto. Se pulo adiantado ou atrasado, a corda pega meus pés; se quero manejá-la muito lentamente, ela não descreve mais um círculo, e cai; se a faço rodar muito depressa, ela não segue mais meu movimento. Os gestos de meus braços são então comandados como os dos meus pés; e pés e mãos devem mover-se em harmonia, num ritmo que depende da corda. A severidade da corda força-me a coordenar perfeitamente meus gestos, bem melhor do que faria a minha própria vontade. Toda lentidão, todo arrebatamento é logo descoberto e censurado por esse senhor sem piedade. Uma brincadeira como a da corda é uma disciplina moral excelente, por essa obrigação que tem o jogador de disciplinar todos os seus gestos.

Há, sobretudo entre as meninas, jogos que, sem atingir a perfeição da corda, são igualmente muito estritos em virtude do objeto que utilizam. Citemos os jogos de palma, de funda..., de arco, de bola, de amarelinha (nos quais há o uso de um objeto, como a pedra). Mas, nesse gênero, as brincadeiras mais importantes são as que tendem para o trabalho, como a "comidinha"[13] ou a marcenaria. Se estes são na sua origem jogos de simples ilusão, em que a criança representa costeletas por folhas, aos poucos ela sente a necessidade de material menos abstrato. O fogo de verdade levanta então novos problemas; é preciso atender às exigências do fogo que arde, às exigências das leis do equilíbrio para pôr a caçarola na trempe, e ter cuidado para que o feijão não queime ou o leite não derrame. O aprendiz de pescador, igualmente, tem de se comandar pelos hábitos do peixe e pela natureza do riacho. Mas tocamos já no trabalho tanto quanto no jogo.

A disciplina vinda dos adultos intervém muito menos no jogo. Já se tentou explicar a regra do jogo pela norma restritiva que vem do adulto. Tentamos mostrar que, muito ao contrário, a regra do jogo nasce espontaneamente de um amor à ordem e do desejo de afirmação da personalidade. Mas não podemos ficar aí. É preciso ressalvar de início que a regra adulta não é sempre restritiva; não faltam pais para brincar com os filhos, a exemplo de Henrique IV; dessa maneira instaura-se muito cedo uma espécie de cooperação que pode ser o modelo dos jogos cooperativos encontrados já na escola maternal. Mas pode-se explicar pela intervenção — mais ou menos oculta — do adulto, esse respeito místico à regra que caracteriza a terceira infância? Seria exagerar. O que está em jogo aqui é o apelo do mais velho, e até mesmo do grande, mais ainda do que o apelo do adulto. De qualquer maneira, ainda que o adulto interferisse, seria sob a forma de um apelo, e não por meio dessa restrição que a criança sente nas ordens adultas, nas normas adultas. A regra é objeto de amor, todo o comportamento lúdico das crianças o proclama. O papel do adulto na gênese da disciplina do jogo parece, portanto, bastante reduzido: na idade mais tenra, ele habitua a criança a uma certa cooperação, e mais tarde pode ensinar-lhe algumas regras (mas são os grandes, bem mais que os adultos, que são aqui os instrutores; o adulto só intervém eventualmente).

---

13. No original, "dînette", jantarzinho. Há variantes entre nós: "comidinha", "cozinhadinho", "guizadinho". Demos preferência à primeira por nos parecer de entendimento mais imediato pela nossa comunidade de fala. (N.T.)

Pode-se, no entanto, reaproximar a regra estrita do jogo das regras estritas que o adulto dá à criança: "Deve-se cumprimentar", "não se fala à mesa" etc. Se as duas regras participam de um espírito diferente, sobretudo na sua origem, podem se reaproximar aos poucos. Após os 10 anos, a criança pode assimilar mais ou menos as regras do jogo às regras dos adultos; ela imagina que as regras do jogo vêm dos adultos; fazendo remontar sua origem aos antigos.

Mas essa assimilação é superficial. De fato, a regra de jogo participa, digamos, de um espírito bem diferente. Ela é amada por si mesma, como os fiéis amam os ritos de sua religião. Ao contrário, na idade em que se desenvolve esse respeito místico pela regra, a criança se coloca freqüentemente contra o adulto. São as desforras em que os psicanalistas insistem; ela parodia alguns adultos; vinga-se de um castigo, transgredindo ordens. Essas desforras são organizadas, calculadas. Delas costuma participar todo o bando infantil. Como bem observou Cousinet, "o grupo social infantil se considera como oposto ao senhor que o nega ou finge negá-lo". A organização dos "arruaceiros" e a severa repressão à "delação" são provas contundentes disso.

É, portanto, noutro lugar que é preciso procurar o fator essencial na disciplina do jogo. Ou antes o outro fator essencial, porque o amor à ordem é também essencial. Ao contrário deste, esse fator é social e não mais psicológico; é o grupo organizado que impõe sua disciplina. Já falamos desse grupo e analisamos seu mecanismo. É preciso, entretanto, voltar ainda a ele para mostrar certas características dos jogos tradicionais.

Os jogos tradicionais são às vezes extremamente estritos, e sua disciplina se prende à rigidez das regras, rigidez que faz respeitar a autoridade do grupo. Falou-se de um juridismo infantil, e é certo que às vezes a criança se compraz em complicar as regras intencionalmente. Mas é sobretudo de um formalismo que convém falar. No jogo da criança, deixa-se ao acaso o mínimo possível de coisas. Enquanto o jogo de uma criança de 5 anos é livre, o de uma de 12 é submetido a um número muito grande de prescrições rituais. Citemos alguns exemplos.

Quando se quer brincar, é preciso inicialmente ajuntar os participantes. Para esse fim existe uma cerimônia especial. Duas crianças se tomam pelos ombros e percorrem o pátio em todas as direções, numa ladainha tradicional: "Quem quer brincar de pulga?", por exemplo, num ritmo monótono, também tradicional. As que querem participar tomam pelos ombros um dos primeiros cantando com eles. Quando o grupo está bastante numeroso, termina essa cerimônia; às vezes canta-se ainda por algum tempo uma outra fórmula: "Chega, chega."

É preciso agora dar a cada um o seu papel. São muitas as maneiras de se fazer isso. Algumas são usadas apenas para jogos muito específicos. Por exemplo, antes de brincar de "semelle" [14] faz-se um concurso de salto em distância em certas escolas; esse salto é como uma prova dos saltos que o jogo da "semelle" exige, variedade complicada de "pula carniça" (chamado também, às vezes, "o urso"); é como o descartar antes do bridge. No jogo de bolinhas de gude,[15] pode-se jogar as bolas em direção a uma linha ou uma parede; ou faz-se uma partida de "courante", a forma mais elementar desse jogo; às vezes, também faz-se uma corrida. Há procedimentos mais especiais e ainda mais complicados. Bancroft cita um muito curioso: as crianças devem, segundo uma ordem de inscrição, adivinhar em qual das mãos uma dentre elas esconde uma pedra; a que adivinhar "sai", o último, "se dana".[16] Mas o que torna esse procedimento interessante são seus ritos preliminares. Quando o grupo decide jogar, o mais esperto grita: "Ajuntador": ele é quem vai escolher a pedra a ser escondida, ficando dispensado de procurá-la depois; ele "sai" pelo simples fato de ter sido primeiro a gritar. Um outro grita: "Limpador", e todo o seu trabalho consiste em limpar a pedra nas suas calças! Um terceiro grita: "Escondedor", e é ele quem esconde a pedra em suas mãos. Está bem claro que esses ritos preliminares não têm grande utilidade (sobretudo a limpeza da pedra!); mas eles nos permitem sentir a atmosfera de formalismo em que se desenrola o jogo infantil.

Essa mesma atmosfera é também encontrada em procedimentos mais gerais, por exemplo, naquele que consiste em "quiller",[17] duas

---

14. No original "semelle", sola de sapato. Não conseguimos absolutamente nenhuma informação sobre esse jogo/brinquedo infantil quer dos livros e dicionários, quer de falantes nativos de francês de regiões diversas. Optamos por manter o termo francês, sempre entre aspas. (N.T.)

15. No original "courante", usual, corrente, comum. Como o termo está entre aspas no original, optamos por conservá-lo, mesmo porque está designando um tipo específico de jogo com bolinhas de gude. Entre nós, se não nos falha a memória, temos muitas maneiras de decidir a ordem dos jogadores nesse jogo: pode-se disputar quem atira a sua bolinha mais próxima do "papão" (o buraco que é o "centro" do jogo); pode-se substituir esse "papão" por uma parede ou um risco feito no chão; pode-se atribuir uma ordem às bolinhas, cada um tirando a sua de olhos fechados; pode-se ainda tirar "par ou ímpar" etc. (N.T.)

16. No orignal "s'y colle", colar-se aí. No nosso "pegador", por exemplo, quando se está escolhendo quem vai ser o pegador, há os que vão "saindo", ficando livres da tarefa desagradável. O que fica por último será o pegador, ele não "saiu", mas "ficou", para seu tormento, pois será o "pegador", o papel indesejado no jogo. Por isso traduzimos por "se dana". (N.T.)

17. "Quiller" — entre aspas no original. "Quiller" significa lançar uma "quille", ou seja, jogar uma espécie de "boliche" em direção a uma bola ou a outro objeto ou ponto preestabelecido. Aquele que conseguir lançar mais próximo, mas sem atingir o objeto, será o vencedor. Vê-se que aqui "quiller"

76

crianças afastadas uma da outra alguns passos, vão avançando uma em direção à outra, passo a passo, colocando, cada uma por sua vez, um pé diante do outro: aquele que, finalmente, coloca o seu pé sobre o pé da outra tem o direito de escolher primeiro um de seus companheiros de equipe; a outra só escolhe seu primeiro companheiro depois; em seguida, o primeiro escolhe, por sua vez, um segundo companheiro, e assim por diante. O procedimento se complica, com freqüência, pela possibilidade dada aos jogadores de colocar seu pé de lado ou de andar na ponta do pé.

Nem é necessário mostrar o formalismo que implica o uso, no mesmo sentido, das canções, essas fórmulas ritmadas tradicionais que as crianças transmitem umas para as outras através das gerações. Quase sempre elas não têm nenhum sentido; são fórmulas cabalísticas: "Am, stram, gram..." ou "Agenda femina gauda...". São sempre um quadro bizarro: "Uma enguia — Que casava sua filha — Com um sapateiro..."[18] São para a criança o que são, para o fiel ignorante, as fórmulas latinas que ele recita sem nada compreender. Há, entretanto, um aspecto interessante em que devemos insistir. Seria mais simples que a fórmula de escolha servisse para designar imediatamente aquele que "se dana". Mas, na maior parte das vezes, ela serve antes para designar quem não se danará, e, em vez de se contentar com apenas uma recitação, é preciso realizar tantas quantas necessárias para eliminar todos os jogadores, exceto um. Uma atividade tão inútil nos mostra que prazer a criança encontra na simples recitação de fórmulas. A criança que brinca se compraz no formalismo.

De onde vem essa tendência? Sem dúvida é preciso, antes de tudo, apelar para esse amor à ordem, para essa necessidade de regularidade cuja força já mostramos. Mas é preciso acrescentar que a fórmula é coisa social e que, através de sua prática, adere-se, de alguma forma, ao grupo, assimila-se a ele. Acrescentemos que a maior parte desses procedimentos de que acabamos de falar oferece, além do mais, um atrativo suplementar. Ou são jogos abreviados, e dão margem a vitórias, como o lançamento de uma pedra ou a corrida. Ou provocam, como a fórmula de escolha, uma emoção favorecida pela expectativa: em quem vai cair a sílaba final?

Pode-se encontrar essa mesma rigidez de formalismo nas fórmulas de jogo, às vezes tão sem sentido quanto as de escolha. Certos

---

já é empregado por extensão. Há aqui uma variante na forma de escolher quem jogará primeiro, conservando-se, no entanto, a expressão "quiller", em construção sintática, aliás, bastante original.

18. No original: "Une anguille — Qui mariait sa fille — Avec un cordonnier..." Notem-se a rima e o *nonsense*... (N.T.)

ritos igualmente são típicos, por exemplo o que consiste, para o jogador que determina os papéis no jogo de soldados e ladrões, em bater duas vezes nas costas dos que serão ladrões e uma vez apenas nos futuros soldados. Mas parece-nos preferível focalizar o aspecto geral dos jogos tradicionais, para mostrar sua rigidez.

Essa rigidez é variável. Há jogos que dão margem a muitas iniciativas, como o de barras ou o "épervier". Outros, sobretudo os jogos femininos, são regulamentados nos mínimos detalhes. É o caso dos jogos de corda e da palma em que o ritmo da canção e as palavras tradicionais juntam sua influência à do objeto: essa canção de palma comanda exatamente certos gestos e não outros. Os jogos de mão, em que dois participantes devem sintonizar-se, cantando, para bater cada uma das mãos do outro de acordo com uma regra fixa, são também estritos.

Mas são as rodas e as cerimônias das meninas que são os melhores testemunhos disso. As rodas valem pelo simples comportamento que consiste em andar em círculo segundo um ritmo dado pela canção. Se, às vezes, a esse elemento primordial se acrescenta algum outro, este é quase sempre exatamente determinado: por exemplo, cada menina deverá virar-se dando as costas para o centro do círculo, cada uma por sua vez. Pensemos agora nas cerimônias como "Enfiamos a agulha"[19] ou "A torre protege", tão amplamente difundidas. Nesses jogos, nenhuma iniciativa é possível. No primeiro, basta seguir a corrente de meninas, passar sob a ponte e, quando todas se encontram de braços cruzados diante umas das outras, fazer certos gestos de braços cantando: "Serremos, serremos a madeira...". O segundo representa uma perfeição maior ainda nesse domínio. Sem dúvida há aí uma luta final entre a torre e os pagens, mas é um episódio restrito, comparado à longa cerimônia que consiste em admitir sucessivamente todos os pagens no exército.

Com esses jogos estamos, segundo Alain, próximos de uma verdadeira missa. O mesmo respeito místico existe nuns e noutra. O mesmo formalismo, o mesmo amor aos ritos rigidamente definidos. A mesma seriedade. Em ambos, um celebrante (mentor ou padre) e um coro. Enfim, a mesma origem antiga e muitas vezes mágica. A disciplina aqui origina-se num verdadeiro culto. E esse culto, os chefes, mentor e ajudantes fazem respeitar escrupulosamente.

---

19. No original, "enfilons l'anguille", enfiamos a agulha. Nada encontramos em livros sobre esse jogo. De um dos falantes nativos consultados, soubemos tratar-se, talvez, de um brinquedo em que as crianças assentadas no chão, em círculo, vão passando uma corda em que há um nó. Enquanto passam a corda, cantam uma canção. Sairá do brinquedo quem, ao final da canção, estiver com os nós nas mãos. (N.T.)

D. — Origem das regras do jogo

De onde vêm então as regras desses jogos que estudamos? De onde originaram sistemas tão complicados como os de "La tour prends garde"[20] ou da amarelinha? De onde vêm as regras dos jogos de imitação? E as dos jogos variáveis da segunda infância? É claro que numa tal pesquisa é preciso apelar para várias fontes. O jogo da amarelinha não tem a mesma origem do que consiste simplesmente em seguir, caminhando, os limites do pátio. Pode-se procurar quatro fontes para uma atividade. Ela pode ser inventada; pode originar-se de uma imitação; pode ter sido aprendida pela tradição; enfim, pode simplesmente resultar de nossa estrutura e de nossos instintos. A atividade de mamar resulta, por exemplo, em maior parte (porque há uma aprendizagem) de um impulso interno; o mesmo se dá com os primeiros jogos ditos funcionais. Em seguida aparecem jogos inventados: os jogos com o novo testemunham já uma intervenção da espontaneidade intelectual; melhor ainda os jogos de regra arbitrária. Os jogos de imitação provêm, em certo sentido, de outrem; mas o jogador escolheu, ele próprio, o objeto a ser imitado e sua imitação depende da visão que ele tem desse objeto. Ao contrário, o jogo tradicional depende apenas do outro, daquele que o ensinou à criança. Temos, portanto, quatro tipos de jogos cujas fontes são bem diferentes.

Entretanto, antes de estudar cada um desses tipos, cada uma de suas fontes, é preciso observar que os diversos fatores que acabamos de enumerar não são totalmente independentes (do contrário seria muito fácil classificar os jogos). Eles estão presentes, com freqüência, num mesmo jogo. Assim, o jogo que constitui na criança a glossolalia, o murmurar contínuo de certas sílabas, provém certamente da existência, na estrutura do homem, de certas possibilidades vocais ausentes em outros animais; mas, quando a criança se alegra com um som determinado, como se estivesse orgulhosa de tê-lo descoberto, não se pode absolutamente deixar de falar de invenção; de fato, a invenção continua a estrutura, só inventamos a partir de materiais primitivos e específicos. É, portanto, inevitável que se encontre em certos jogos numa mistura de elementos primitivos e de elementos inventados. Da mesma forma, há, em certas escolas, imitações que se tornaram tradicionais (para algumas gerações), como a do ferreiro que tem sua oficina em frente ao pátio da escola. Enfim, veremos que a invenção se insinua sempre sob a imitação e a tradição.

---

20. Vide nota 4 do capítulo II. (N.T.)

Deixemos de lado os jogos puramente funcionais que são apenas resultado de uma necessidade interna de despender energia por certa via, pulando, gritando, manipulando. Como já dissemos, esses jogos funcionais, presentes também no mundo animal, devem ser considerados bem diferentes dos jogos que seguem. São simples exercícios de uma função que emerge, e não comportam absolutamente a consciência de sua natureza; neles o jogador jamais assume a atitude lúdica, essa atitude que assumimos quando *sabemos* que jogamos e que nossa ocupação não é séria.

Esses jogos funcionais dão origem àqueles em que aparecem juntas imitação e invenção. Pode-se perfeitamente considerar como imitação o primeiro jogo representativo (e sem dúvida também a primeira forma de pensamento representativo), o faz-de-conta da criança que finge dormir ou manipular um objeto imaginário, mas é claro que essa imitação já é inventada. Nesse sentido, toda imitação pode ser considerada uma invenção. Deixemos entretanto essa assimilação muito abrangente e tratemos da imitação.

Que a tendência a imitar é extremamente forte na criança é fato bem conhecido. Ela pode imitar qualquer coisa. Primeiro seus circundantes, na primeira infância, pais, babá, professora, vendedora etc. Mais tarde, todo acontecimento diferente lhe dará ocasião de um jogo novo. Tendo podido observar durante vários anos os jogos de crianças de uma escola rural, eu as vi imitar todos os fatos notáveis do lugar: "battaison", alambique, passagem do bispo, chegada dos alemães, trabalhos, matança de porco, casamento, enterro, representação de Branca de Neve, passagem do inspetor, enforcamento, volta dos pastores da montanha, abertura da caça etc. Não se evitam os assuntos delicados, e há jogos de castração de cavalo, de parto e de conselho de revisão (de que às vezes as meninas participam!).[21] Os grandes acontecimentos nacionais também se prestam a imitações. Chateaubriand conta em suas *Memórias de Além-Túmulo*, que, à época da grande epidemia de cólera de 1832, "as crianças brincavam de cólera, que chamavam de Nicolas Morbus e de celerado Morbus". Durante a última guerra vi praticados jogos nitidamente atuais como "o abatedouro clandestino" em 1942, e, em 1944, os "terroristas". Outras circunstâncias acidentais podem dar origem a um jogo de imitação: a professora fala de trem, e brinca-se de trem elétrico; acaba-se de brincar de soldado, o quartel feito no chão com terra se transforma em igreja (e brinca-se de missa), depois

---

21. O "conseil de révision" é nada mais nada menos do que o equivalente ao nosso exame para o serviço militar que, como se sabe, supõe que todos os examinandos estejam em fila e completamente nus; daí a estranheza de até as meninas participarem do jogo. (N.T.)

transforma-se na casa do marquês; fazem-se caminhos no chão, e brinca-se de automóvel, depois (pela reunião de vários carros) de trem.

Essas imitações não carecem às vezes de realismo. Quando se brinca de soldado, um grande faz o beberrão e não esquece nenhum detalhe, mesmo repugnante. A imitação do ferreiro copia o real que é visto do pátio da escola: óculos, tiques, ordens para o companheiro, tudo é imitado com veracidade. Na "battaison" calçam-se as rodas do trator (simbolizado por um dos participantes) colocando pedras sob seus sapatos, inclinando-o para evitar um deslocamento imaginário. No trem elétrico, não se esquece de "ligar na eletricidade".

Por motivos mais fortes, a imitação é servil quando se trata dos jogos relacionados com o trabalho: marcenaria, comidinha, pesca etc. Essas imitações tendem cada vez mais a se aproximar de seus modelos com os quais acabarão por se identificar mais tarde. Ao contrário, as outras imitações tornam-se cada vez menos servis, cada vez mais estilizadas.

Que a imitação possa ser estilizada, é, aliás, uma necessidade. A criança não pode, ainda que o queira, reproduzir tudo. As imperfeições de sua percepção e de sua memória produzem a imperfeição de suas imitações. Tudo se passa como se o modelo apresentasse unicamente algumas grandes linhas e alguns detalhes. Esquece-se que o médico pode anestesiar, e ele opera a frio, enquanto o paciente grita. O jogo da mina se reduz, em certos casos, a um simples sistema de cordões que, numa cadeira, faz um objeto subir de um plano para outro. Um bebê é simplesmente um objeto que se embala. A simplicidade de muitos dos objetos ilusórios vem assim do desconhecimento da criança.

Mas o desconhecimento não basta para explicar a simplicidade da estrutura dada, ao ser imitado, da estrutura ilusória. Se a estrutura ilusória é tão simples, é muitas vezes por falta de meios de figuração. Aquele que brinca de cavalo substituindo-o por um cabo de vassoura sabe muito bem que o cavalo pode correr, rinchar, dar coices etc. Mas ele não tem nada à sua disposição que possa apresentar todas essas qualidades. Não se deve pois julgar os conhecimentos da criança pela complexidade da estrutura ilusória. Esta nada mais é do que uma síntese, uma condensação de conhecimentos muito mais amplos. Mas nem todo conhecimento pode achar facilmente uma representação concreta.

Não resta a menor dúvida de que a criança se satisfaz muito bem com essa estrutura ilusória simples, cujas imperfeições conhece. Às vezes ela poderia até completar sua representação, mas não se preocupa absolutamente com isso. Ela simplifica, estiliza delibera-

81

damente o modelo. Esse processo é observável no desenho e nos brinquedos com areia. Tem-se observado com freqüência como a criança se contenta com os tipos simplificados em seu desenho. Quase nunca a figura tem orelhas ou cabelos; acontece até faltar o tronco nos desenhos das crianças menores. Será que ela ignora a existência de orelhas, cabelos, tronco? É claro que não. Mas se contenta em representar os detalhes mais salientes. Não se reconhece um homem desde que se veja dele uma certa forma geral, olhos e boca? O objeto de ilusão e o desenho têm a finalidade, de fato, mais de sugerir do que de representar. Seu papel é ajudar a imaginação, e é tudo. É preciso atingir o fim da infância para buscar mais verdade na cópia.

Por aí se compreende essa magia infantil que faz ver um bebê numa cabeça de repolho ou um cavalo num cabo de vassoura. O jogador se contenta facilmente. Ademais, o mesmo objeto pode ter vários significados. Há símbolos polivalentes como o barbante, a vara, o traço e o corpo. Um barbante pode ser corda de pular, correia de máquina, rédeas de cavalo, pode servir para amarrar um prisioneiro em várias brincadeiras, para amarrar o cavalo, para estrangular os carneiros quando se brinca de lobo, para aquelas brincadeiras que se faz com os dedos e barbantes, representando esquematicamente uma serra ou um berço, para representar uma linha, uma cobra, um rio. Compreende-se porque um rolo de barbante é um dos mais belos presentes que se pode dar a um menino inventivo! A vara é igualmente sugestiva: é lança, espada, vassoura, cavalo, varinha de condão, chicote, bicicleta, vara de pescar, e pode ainda servir em jogos especiais; pode-se mesmo utilizá-la para esculpir com faca. Entretanto, barbante, vara, traço são símbolos menos carregados de sentido do que o corpo: com seu corpo a criança pode representar um mundo de objetos. Em primeiro lugar, seres humanos, evidentemente; também seres vivos, coelhos, ursos etc. Até objetos inanimados; vi crianças transformadas subitamente em camas, sopeiras, máquinas, árvores.

Há, entre as crianças maiores, uma outra imitação de um gênero muito especial, a paródia. As menores não podem compreendê-la; contentam-se em tentar fazer rir por meio de gracinhas, sem ainda compreender o mecanismo dos efeitos que produzem. Pelo contrário, a maior sabe escolher o detalhe cômico e deixar de lado os outros. Macaqueando o padre, o ferreiro, ou qualquer outro, ela sabe que uma palavra pode ter um efeito cômico, uma outra não.

Mas já examinamos os comportamentos inventivos. Que há uma verdadeira invenção na paródia, é muito evidente; e sabe-se que a paródia não é tão fácil. Entretanto, a imitação estilizada, a ilusão é também um resultado da invenção e isso de várias maneiras.

Não raro, a imitação dá margem a erros pelo desconhecimento das crianças: põe-se eletricidade nos bonés dos participantes da brincadeira que são os vagões do trem elétrico, porque estabelece-se analogia entre a eletricidade e o carvão. Mas esse erro não é já uma invenção dissimulada? É, e das mais claras. O modelo que a criança imita, por ser mal conhecido, comporta sempre vazios e claros que é preciso preencher. E, se às vezes são preenchidos erroneamente, o são de modo arbitrário, sabendo-se que é um acréscimo ao modelo. A imaginação voa nos grandes temas, como se vê nas brincadeiras de índios, aperfeiçoa, completa, enfeita deliberadamente. "Nunca", diz com razão Sully, "o jogo é puramente imitativo."[22] O mais das vezes, entre as crianças maiores, o modelo dá apenas um tema geral e impreciso, um aspecto sobre o qual a imaginação constrói variantes.

Assiste-se assim, no campo da imitação, a uma evolução da invenção. Ela procede, de início, de insuficiência, como naquele garoto a quem se observou que seu desenho não tinha orelhas e que respondeu, para justificar-se, que quis desenhar um homem sem orelhas. Mais tarde, ela é deliberada, entre os meninos maiores: por exemplo, no brinquedo do trem, Denis (10 anos), apresentando folhas verdes ao cobrador como se fossem passagens, e o cobrador só aceitando folhas secas. Denis reclama que não é um trem, mas um ônibus para o que não são necessárias as passagens.

Se a invenção já está presente na imitação, parece que, por razão mais forte, deva aparecer nos jogos que não são comandados por um modelo e em que a imaginação é mais livre. Mas isso é esquecer que na criança a faculdade inventiva é fraca. Ela tem quase sempre necessidade, para apoiar sua imaginação, de um tema, de um desenho geral sobre o qual fantasiar. Esse tema lhe é dado seja pelo modelo imitado, seja pela estrutura tradicional da brincadeira/ jogo. À falta desse apoio, a invenção fica limitada.

Não se pode negar seu papel na primeira infância. Já o dissemos anteriormente, muitos jogos funcionais supõem, ao lado dos dados estruturais primitivos, a intervenção de elementos imaginados. Com maior razão, a invenção está no primeiro plano dos jogos de regra arbitrária. A criança pode perfeitamente, nesses jogos, usar esquemas já utilizados, procedimentos experimentados em outras brincadeiras: por exemplo, aplicar a um tronco na horizontal a regra que praticou andando em cima de um muro, ou brincar de trem como (ou quase como) brincou de carro; mas esse é o caso geral na invenção. Ribot atribuía à analogia um papel de primeiro plano no processo inventivo: é reconhecer a quase identidade dos esquemas

---

22. *Études sur l'Enfance*, p. 72.

utilizados. Não se inventa a partir do nada; inventar, quase sempre, é aplicar a um caso novo uma regra já conhecida. Por exemplo aplicar a estudos psicológicos, no método de testes, os procedimentos estatísticos já utilizados na demografia; ou usar, para compreender o relâmpago, noções utilizadas no estudo do fluido elétrico. Mas a analogia entre o caso conhecido e o caso novo pode ser mais ou menos remota, e as conseqüências advindas da intuição da analogia podem ser mais ou menos complexas. Ora, a criança jamais pode, a partir de analogias percebidas, construir sistemas amplos. Ela se atém quase sempre, na segunda e na terceira infâncias, a uma intuição única. Sua regra de jogo, seja descoberta por analogia ou por outra forma, é extremamente simples. É por isso que a brincadeira/jogo de regra arbitrária fica elementar: andar no passeio, ficar num pé só, repetir uma frase. Nunca a criança ainda pequena consegue construir um desses sistemas complexos de regras dos jogos tradicionais.

Dissemos que a intuição primeira originava sempre de uma analogia, que usava esquemas anteriores. Acontece, às vezes, que não se depara com analogias percebidas apenas pela imaginação; a intuição das analogias e das regras novas exige a intervenção de fatores acidentais. Se a disposição do pátio presta-se a isso, a brincadeira de quatro cantos pode se modificar; há cinco cantos e até mais se há duas filas de colunas paralelas, cada uma constituindo um canto. Numa escola, vimos as crianças considerarem como canto os dois muros opostos do pátio, o que transformava o jogo de quatro cantos num jogo idêntico ao do "épervier" [23] ou ao do "gato empoleirado".[24] O jogo de "pelote" [25] pode ser modificado em função da disposição das paredes e tetos dos galpões. Tendo uma criança, chegando na classe, apanhado um galho de espinheiro, este lembra uma cruz, e brinca-se de procissão. Um outro dia, um pedaço de pau achado no pátio transforma-se em faca, e brinca-se de matar.

Acontece muito que uma brincadeira nova, mesmo tradicional, apareça assim em conseqüência de circunstâncias acidentais. Uma

---

23. Aqui, pelo contexto, somos levados a pensar numa analogia entre o "épervier" e o nosso "queimada", bastante praticado nas escolas, até mesmo no horário dedicado à Educação Física. Duas equipes disputam quem "queima" mais depressa todos os componentes da outra. "Queimar" é acertar a bola no adversário que tem de fazer tudo para dela se esquivar. Tal analogia é, entretanto, suposição pessoal nossa, não tendo sido confirmada ou refutada pelos falantes nativos de francês que consultamos. (N.T.)

24. No original, "chat perché". Não conseguimos obter, também para esse jogo, melhores informações. (N.T.)

25. Temos também brincadeiras com bola que consistem em se ir jogando a bola na parede e recolhendo-a na sua volta, enquanto se recitam fórmulas correspondentes à maneira de atirá-la: "primeiro, sem lugar, sem rir, sem falar, um pé, o outro, uma das mãos, a outra, uma palma, duas palmas, pirueta etc.". (N.T.)

criança leva para a escola um caco de tijolo; um outro o chuta, e isso sugere o jogo da amarelinha que durará duas semanas. A professora fala sobre bolas, e no dia seguinte brinca-se de bola. Já vimos como um brinquedo de soldados sugeria um de missa, e um de estradas sugeria um de trem; da mesma maneira, após ter brincado de ninhos, brinca-se de galinha, cantando: "Cocoricocó"; depois de ter brincado de avião, brinca-se de música (por causa do ruído do avião), depois de baile; este leva, por sua vez, à dança especial que é a "capuchinha" e esta à "conchinha".[26] A eleição da brincadeira a partir de uma circunstância acidental é muitíssimo freqüente.

Até aqui a intervenção de que tratamos é muito limitada. Ela se limita às regras simples dos jogos da primeira infância ou à escolha de um jogo/brincadeira. Nos jogos tradicionais, a invenção é igualmente bastante reduzida. Com freqüência, ela procede simplesmente de erros. Cantigas de roda e fórmulas de escolha são por isso sujeitas a muitas variações às vezes extraordinárias: "Am, stram, gram"[27] torna-se Amsterdam (que era talvez sua forma original, como pensam alguns folcloristas!). Por outro lado, elas podem ser combinadas, donde surge uma invenção por contaminação muito comum. Há até fórmulas "coringa" que a criança acrescenta a muitas fórmulas de escolha, como a seguinte:

> Y' en a une de trop
> Dans la cuiller à pot
> De Mademoiselle Margot
> Numéro zéro.[28]

Essa invenção por acréscimo é reencontrada na criação de brincadeiras novas que nada mais são do que variantes das antigas.

---

26. A "capucine" e a "coquillette" (no original) são brincadeiras de roda em que as crianças se agacham ao final. Temos correspondentes no "Xixico de mim não gosta/ carne seca com farinha/ pensei que Xixico era/ ladrão de minha galinha/ Xixico é meu/ será ou não/ bebendo água no caldeirão/ Xixico é meu!" Ao final as crianças devem se agachar, mas a maioria entra no que o autor deste livro chama de "emportement" e que traduzimos por "euforia". De fato, ao invés de apenas se agacharem, as crianças deitam no chão, aos gritos, provocando algazarra e pondo fim, geralmente, à brincadeira. (N.T.)

27. Eis uma das fórmulas de escolha mais divulgadas na França. Ela é falada na mesma cantilena que nós, meninos brasileiros de meu tempo, dizíamos: "Unoni, dela pola politana", um vapor que passara pela Espanha, "Vene qua", já não vou, "unoni", ou "Lá em cima do piano tem um copo de veneno, quem bebeu morreu." (N.T.)

28. A tradução não interessa muito, mas seria mais ou menos: "Há uma a mais/ Na colher do pote/ Da Senhorita Margot/ Número zero." O que interessa mesmo são o ritmo e as rimas: trop/pot/Margot/zéro. (N.T.)

Criação bastante rara, em virtude do respeito místico à regra, não obstante possível, pois a criança tem, nesse caso, consciência de criar uma brincadeira nova que não é a "verdadeira". Entretanto, tais modificações só podem se produzir quando a tensão do jogo é particularmente baixa, quando os participantes começam a se entediar e já não se interessam muito pelo brinquedo. O acréscimo feito ao jogo renova-o e lhe dá novo atrativo. Veja-se, por exemplo, crianças que brincam de "épervier": os participantes devem passar de um lado para o outro sem se deixar pegar pelo "épervier"; os que são pegos se enfileiram ao longo da parede, no meio do terreno; mas cansados de esperar o fim da brincadeira, divertem-se importunando os companheiros que cruzam a zona perigosa; depois eles se dão as mãos como no jogo de barras e formam uma corrente que obstrui uma parte do pátio; essa inovação é aceita tacitamente, depois explicitamente, pelos maiores, e tem-se um novo jogo de "épervier". Mas isso não durará, e breve as crianças voltam ao "jogo verdadeiro". De outra feita, meninos grandes brincam de pular carniça sem nenhum entusiasmo; eles têm a idéia de se deixar cair sobre a carniça, como se faz no jogo de "semelle", e eis um novo jogo, combinação de pular carniça e "semelle".

O que acabamos de dizer nos leva a insistir no que diz respeito à configuração que apresenta uma partida, uma brincadeira. Há brincadeiras em que os participantes se entregam inteiramente; observa-se isso em alguns jogos de bola em que se pode, na verdade, ganhar ou perder bolas. Mas há também partidas frias, em que os participantes continuam jogando simplesmente por falta de uma idéia melhor. Uma brincadeira de criança difere de uma outra como um partida de baralho pode diferir de outra: não se joga da mesma maneira, com o mesmo entusiasmo, num antro de jogo ou em casa. Há, portanto, uma tensão de jogo mais ou menos forte. Quando essa tensão é forte, as regras tradicionais são perfeitamente respeitadas; toda infração provoca protestos veementes, como se vê muito no jogo de bola. Ao contrário, quando a tensão se relaxa, o respeito à regra diminui, e pode-se substituí-la por outra. É então, e só então, que se inventa. Mas a invenção participa dessa baixa tensão de jogo, não é levada a sério e desaparece muito depressa. Afinal de contas, volta-se sempre às regras tradicionais.

Há alguns casos, raros, em que a criança inventa um jogo totalmente independente, e não apenas uma simples variante. Sem dúvida, ela é ainda guiada pelos esquemas adquiridos anteriormente, mas que se combinam de maneira a criar um sistema que parece novo. Tal criação pode se fazer de duas maneiras. Ou a criança se guia por um tema de seu conhecimento, fazendo um vulcão com areia, ou reproduz uma canção ou um conto que aprendeu — vimos assim

86

reproduções de contos célebres, e de muitas canções, por garotas. A invenção é facilitada pela existência de um tema, dando continuidade às imitações. Ou os acréscimos, os detalhes se acumulam ao acaso, e — também ao acaso — chegam a constituir um sistema novo. Essa invenção por acréscimos sucessivos é sem dúvida pobre; vimos até agora poucos exemplos significativos. Seguimos durante vários meses a complicação progressiva de uma brincadeira de soldados que, a partir de um simples desfile, tornou-se um verdadeiro pequeno sainete. Vimos também recriado inteiramente por mocinhas já crescidas um jogo conhecido dos ginastas, o "brigões em fila", em que uma fila de participantes se dispõe em círculo e devem pular quando passa a corda que uma outra participante, situada no centro do círculo, faz rodar em torno de si.

A invenção no jogo não é una. A partir do que acabamos de ver, ela comporta muitos níveis e muitas espécies. De início uma invenção por simples exploração funcional, a do bebê que aprende a gritar, ou a deixar um objeto cair; essa invenção segue o esboço dos atos instintivos e pode, às vezes, ampliar-se sobre esse esboço. Depois uma invenção mais arbitrária, a das regras da segunda infância que, menos submissa a direções ditadas pela estrutura original, pode tomar mil caminhos. Uma invenção por analogia, favorecida por circunstâncias acidentais e que age sobre um tema dado, num jogo de imitação ou num jogo tradicional já constituído. Invenção que, possuindo o conjunto, joga unicamente com o detalhe. Mais alto, uma invenção que, como a precedente, parte de um tema, mas de um tema alheio ao jogo/brincadeira, como as cantigas e as histórias de índios que se levam à cena; aqui vai-se do todo ao detalhe, ainda que há pouco ficava-se apenas no detalhe, o conjunto servindo de pano de fundo. Enfim, uma invenção por acréscimo que não parte mais de um tema geral, mas procede, como os reis de Creta, quando, acrescentando a seu palácio ora um cômodo de um lado, ora de outro, criaram o célebre labirinto.

É preciso reconhecer que na criança todos esses tipos de invenção são insuficentes. Ela não sabe extrair um tema geral a partir de um detalhe, como se diz de Newton a propósito do célebre episódio da maçã. É necessário para a criança ou recorrer ao acaso, ou tomar em qualquer parte um tema que ela desenvolve ou sobre o qual fantasia. À falta de tema original, sua invenção fica confinada, inibida que é pelo tema tomado. Falta-lhe a visão ampla do verdadeiro criador.

Essa pobreza da invenção infantil vai nos ser confirmada pelo estudo de jogos de uma espécie um pouco especial, os jogos com o cômico, os jogos poéticos e as histórias continuadas.

O cômico aparece sempre no jogo, sobretudo se a tensão lúdica se relaxa. O jogo das crianças maiores é sempre entremeado de reflexões pretensamente engraçadas, de trocadilhos, de zombarias. Na brincadeira de soldado surgem os gracejos clássicos aprendidos com os adultos; na cabra-cega, o "cego" finge apalpar um participante para reconhecê-lo; o lobo, a quem se pergunta: "Lobo, que fazes?", finge encaracolar os pêlos da orelha. Desnecessário dizer que essa comicidade fica em grau muito baixo.

De novo, a criança maior já sabe como provocar o riso: é capaz até de paródias elementares. Ao contrário, a criança pequena usa mais tolices, palhaçadas de que ela riu um dia sem saber por que. Constata-se facilmente esse traço na criança de três ou quatro anos. Mas por muito tempo o pequeno se contenta com pouco. Para ele é uma maravilha uma paródia como: "Une fleur au chapeau — A la bouche un vieux mégot"[29] ou: "Sur le pont d'Avignon — On y marche sur la tête."[30] O que o toca é a simples conjunção bizarra de imagens discordantes, o estranho. Esse bizarro o delicia também, na mistura de sons que lhe parecem discordantes, por exemplo num nome próprio como "Galagoula".

A poesia de nossas crianças não nos parece absolutamente valer muito quando os conselhos adultos não intervêm para orientá-la. É verdade que às vezes são publicadas poesias emocionantes de crianças. Mas — exceto nos casos de crianças-prodígio — trata-se, para a criança, menos de poesia, no sentido em que a entende o adulto, do que da visão cotidiana que ela tem do mundo.

Eis, por exemplo, um pequeno haicai, história contada em aula por uma criança de 7 anos (sob sugestão da professora): "Um coelhinho olha o céu; ele viu que o céu era todo pintado de azul e rosa; então ele pediu ao sol que lhe emprestasse seu pincel." Para um adulto, é poesia, sem sombra de dúvida. Mas, para a criança, é uma história como qualquer outra; ela não está como nós, preocupada com esses conhecimentos; apenas deixa a idade em que se crê que os animais podem falar e em que se imagina que todas as coisas são feitas por artifício humano. Acreditar que o céu foi pintado é apenas uma manifestação, entre inúmeras outras, desse artificialismo infantil, cuja importância M. Piaget mostrou. Quanto mais a criança crescer, mais seu conhecimento das coisas estranhas à arte humana aumentará,

---

29. Uma flor no chapéu — Na boca uma velha guimba. Note-se a rima "chapeau/mégot". (N.T.)
30. Na ponte de Avinhão — Lá se anda na cabeça. Note-se a quebra da conhecida canção "Sur le pont d'Avignon, on y danse, on y danse" para "on y marche sur la tête", numa provável alusão ao reflexo da própria imagem nas águas. (N.T.)

e mais difícil será para ela contar histórias desse gênero. A criança não vê o mundo como o adulto; ignorando as grandes leis que regem os seres, ela deve constantemente usar esquemas e analogias que nos surpreendem. Por isso também, tantas palavras encantadoras quanto palavras ridículas. É a mesma criança que pode ver nas pétalas "as asas das rosas" ou, diante de um botão de rosa, dizer que "esta rosa vai ter um bebê". Os absurdos cômicos têm a mesma fonte, na criança, que as poesias mais encantadoras. Mas absurdo e encanto que só existem na apreciação do adulto.

Quando a criança quer realmente fazer poesia, ela copia o adulto, procura rimas, e assiste-se então ao nascimento de um mundo de disparates. Todos nós encantamos nossa infância com essas banalidades grotescas como a história do "marchand de foie de la ville de Foix", ou aquela do coração que "s'allonge comme une éponge".[31] Esses disparates rimados são tradicionais, mas o fato de que a criança veja neles tanto encanto é bastante esclarecedor. Aliás, a propósito, a criança pode inventar seus disparates que também não valem muito, como esta rima contra uma tal Alice Bouzon: "Alice-Réglisse-Bouzon--Bonbon."[32] Há na criança que quer fazer poesia uma busca da rima pela rima, que às vezes a aproxima dos grandes retóricos. O que ela desfruta na poesia é menos o encanto poético do que o desafio da composição.

Um estudo das fórmulas de escolha que são poesia tradicional da infância e a poesia mais propriamente infantil, pois ela é conservada unicamente pelas crianças, ressaltaria os mesmos traços da invenção infantil. As fórmulas cabalísticas são inúmeras, o que testemunha em favor dessa dificuldade em manejar os conceitos que já assinalamos: a criança se diverte com os sons estridentes ou dissonantes: "Plouf, nuis, paris, sirole", mesmo que esses sons não correspondam a nenhum significado. Ela brinca com a rima; por exemplo, na célebre fórmula: "Un petit chat gris qui mangeait du riz sur un tapis gris...".[33] Às vezes há belas imagens nas fórmulas, sainetes graciosos, mas também besteiras e puras grosserias. Aí também a invenção é fraca.

A música infantil, com sua pobreza de tons, a monotonia dos intervalos e deficiente extensão vocal confirma o fato; não é neces-

---

31. Notem-se as rimas e o jogo de palavras: "foie" (fígado)/Foix (nome da cidade); "s'allonge/éponge". (N.T.)
32. Notem-se as rimas Alice/Réglisse; Bouzon/Bonbon; e o jogo de palavras "réglisse" (bala de alcaçuz)/bonbon. (N.T.)
33. "Um gatinho cinza que comia arroz num tapete cinza...". O que interessa aqui é apenas a repetição do som. Temos coisa semelhante em: "enquanto a aranha arranha a rã, a rã arranha a aranha" ou "um tigre, dois tigres, três tigres", fórmulas cuja repetição rápida é um desafio. (N.T.)

sário conhecer muito as crianças para estar certo dessa pobreza na invenção musical. As histórias continuadas, uma espécie de narrativa em verso, são também fracas. Há as que duram e se complicam vários anos; mas o tema geral é o de uma família — não raro de seres mais ou menos monstruosos e bizarros em que o ser central é ou a própria criança ou uma boneca predileta. As histórias de índios nada mais são do que esquemas de jogo. As histórias que a criança tenta inventar sobre o modelo das que lhe são contadas são menos plágios grosseiros.

De qualquer ângulo que olharmos, veremos uma invenção infantil muito estéril. O que mascara para nós essa fragilidade da invenção da criança é a facilidade com que ela pode, num objeto qualquer, ver a imagem de um outro ser. Já examinamos as fontes desse talento de mágico; ele não vem de um desenvolvimento extraordinário da imaginação, mas, ao contrário, do fato de que a criança se contenta facilmente. Se, para ela, o melhor brinquedo é aquele que não representa nada, se a boneca que se torna a preferida é a velha boneca disforme, é exatamente porque a criança inventa mal sobre um tema preciso. Ela necessita da imprecisão do brinquedo que não tem ou que deixou de ter significado; nesse mundo sem referências, ela pode ver o que quiser. O melhor uso que uma criança pode fazer de um brinquedo, escreve Hegel, é destruí-lo; de fato, os fragmentos são mais sugestivos do que o brinquedo inteiro cujo significado é muito preciso e não pode, como uma vara ou um barbante, simbolizar muitas coisas. Mas não há aí um desenvolvimento extraordinário da imaginação, muito ao contrário. É porque a imaginação infantil é fluida, sem contornos precisos, nebulosa, que ela pode tão facilmente proceder a assimilações. Suas invenções deliberadas mostram bastante a esterilidade de sua faculdade inventiva. E à medida que sua imaginação adquire mais força e precisão, desaparecerá esse talento dissimulado de mágico.

Mas, se assim é, de onde podem então vir esses sistemas complicados de regras presentes nos jogos tradicionais? É muito errôneo crer que a criança é autora desses sistemas, já que para ela é tão difícil modificar os detalhes de um jogo conhecido. E não se pode aqui apelar para gerações de crianças que teriam aperfeiçoado o jogo, acrescentando ora um detalhe, ora um outro. Jogos como o de barras ou "La Tour prends garde" são totalidades que é muito difícil decompor. A obra revela um autor bem superior à criança.

É para o lado do adulto que é preciso olhar agora. Se é a sociedade infantil que preserva a tradição, a fonte da tradição vem de fora. A criança é como o arquivista que conserva riquezas alheias. E ela nem mesmo conhece exatamente a origem dessas riquezas, se bem que às vezes confusamente adivinhe que elas vêm dos "antigos".

90

É que de fato essas origens são muito obscuras, tão bem escondidas que nem mesmo o sábio pode descobri-las com certeza, como veremos a seguir.

Nesse domínio, os trabalhos de etnólogos, como Hirn, permitem adivinhar por que vicissitudes, jogos e atividades adultas passaram no mundo infantil. Há, de início, certos jogos infantis que nada mais são do que antigos jogos abandonados pelos adultos. No século XIV, a corte de Isabeau de Bavière divertia-se com o jogo de varetas. Entre 1745 e 1755, a nobreza estava tomada pelas marionetes e pagava-se preço altíssimo por uma pintada por Boucher. O jogo do diabolô, importado da China, teve uma grande aceitação no princípio do século XIX e voltou à moda mais recentemente. O jogo de policiais e ladrões era praticado no século XVIII pela nata da aristocracia italiana. Napoleão foi aprisionado nas barras por Josefina. Que as crianças tomam emprestados dos adultos seus jogos, não nos surpreende. Hoje as vemos tomar por empréstimo esse jogo de cartas que, quando surgiu na Europa no início do século XIV (não se sabe vindo de onde), era reservado aos adultos e praticado pelos reis.

Mas um grande número de jogos infantis tem por origem atividades mais nobres, religiosas ou mágicas. O tambor tem, entre os primitivos, um papel religioso, e os crentes atribuem a seu som virtudes misteriosas. O pião apresenta inúmeros problemas para os etnólogos que discutem sua origem numa linha que vai da Europa à Austrália; ele parece ter tido um papel mágico; serviu a adivinhos e mágicos outrora como agora serve nas loterias; na Velha Inglaterra havia piões de cidades ou de paróquias que certamente não foram feitos para divertir as crianças, mas cujo papel parece obscuro. M. Leroi-Gourhan assinala que, entre os esquimós, o bilboquê é um jogo ritual; comporta certas obrigações (não ir à caça no dia seguinte ao jogo) que são, sem dúvida, vestígios de antigas prescrições mágicas. O jogo do "garoto ainda vive",[34] que se encontra tanto na Sibéria, Espanha, Portugal, quanto nos países do Norte e do Centro da Europa, consiste em fazer passar de mão em mão um fósforo que deve manter-se aceso o maior tempo possível. Segundo Tylor, esse jogo se liga a uma velha lenda sobre o rito secreto dos maniqueístas; outros etnólogos apelam para outros usos primitivos, nos quais a conservação do jogo estava em primeiro plano, usos correntes tanto em Atenas ou Roma quanto nas civilizações nórdicas. O papagaio [35] nos vem do Extremo Oriente, onde tem um papel mágico, como repre-

---

34. "Petit bonhomme vit encore", no original. Parece-nos que não temos brincadeira semelhante. (N.T.)

35. O papagaio é um dos brinquedos mais difundidos no Brasil, e por pelo menos três denominações: pandorga, papagaio e pipa, dependendo da região. (N.T.)

sentante da alma, e ocupa grande espaço nas festas. O chocalho tem origem mais longínqua ainda: entre os primitivos, os índios, por exemplo, ele tem um sentido tão misterioso que era adorado. O "cego" da cabra-cega seria na sua origem o diabo, e o jogo se ligaria a solenidades pagãs. A boneca foi originalmente um objeto de culto: foram encontradas entre os povos do Tchad bonecas de uso mágico; é uma forma deturpada dos ídolos primitivos, a tal ponto que se pode perguntar se se está em presença de um objeto de culto ou de um brinquedo.

Com maior razão, o mesmo acontece com as cantigas e fórmulas que nossas crianças usam. Já se disse muito que as fórmulas de escolha mais difundidas eram antigas fórmulas mágicas, de acordo com H. Carrington Bolton. Convém observar que a exclusão por meio da fórmula lembra o tabu primitivo pelo qual se isola o doente ou o criminoso, ou o procedimento que se usa para designar a vítima num ofício ritual. Mas, já o dissemos, esse procedimento combina perfeitamente com as tendências atuais da criança: formalismo, desejo de renovar a emoção e de prolongar a expectativa. As comparações feitas, em cada caso particular, com antigas fórmulas mágicas ou religiosas, são mais convincentes. Com a fórmula a respeito da galinha em cima de um muro que "lève le pied, et puis s'en va",[36] Roy comparou uma outra que servia para curar o muco dos cavalos: "In nomine patris... pater noster... lafalsolfa, lève le pié et puis t'en va."[37] Rolland descobriu numa fórmula mágica corrente em Sologne contra as pragas do trigo, o tema e mesmo as palavras de uma das mais conhecidas fórmulas de escolha:

> *Branlons, brûlez.*
> *Par les vignes et par les prés*
> *Sortez, petits mulots des blés,*
> *Allez-vous-en dans les bois fouiller.*
> *S'il vient un prêtre,*
> *Donnez-lui ses guêtres.*
> *S'il vient un grand larron,*
> *Donnez-lui cent coups de bâton.*
> *Branlons, brûlez etc.*[38]

---

36. "Levanta o pé e depois vai embora."

37. "Em nome do pai... nosso pai... lafalsolfa, levanta o pé e depois se vai."

38. A tradução não interessa, mas é mais ou menos: "Dancemos, queimai/ Pelas vinhas e prados/ Saí ratinhos dos trigos/ Ide explorar nos bosques/ Se vem um padre/ Dai-lhes suas polainas/ Se vem um grande ladrão/ Dai-lhe cem golpes de porrete/ Dancemos, queimai etc. O ritmo e as rimas são o que interessa: brûlez/prés/sortez/blés/Allez/fouiller/Donnez/brûlez; Branlons/brûlez; prêtre/guêtre; larron/bâtons; s'il vient/s'il vient; Donnez-lui/Donnez-lui. (N.T.)

92

O amplo alcance de algumas fórmulas de escolha é também argumento em favor de sua origem adulta. Van Gennep pôde constatar o tema "Ena mina mou" em Charente, Escócia, Polônia, Romênia, Holanda e Luxemburgo. O tema "Enik benik" está presente na Suíça e na Dinamarca, "Am stram gram" com numerosas variantes (mais de 300 conhecidas na França e na Suíça) existe também na Grécia. Essas observações dizem respeito a um número muito restrito de fórmulas de escolha. Outras vêm de lições de geografia ("Agenda femina gauda...", segundo Van Gennep), de canções de adultos ("Pimpenicaille"),[39] ou foram todas simplesmente inventadas pelas crianças (o que é, acreditamos, o caso mais geral).

Ainda que as crianças inventem as fórmulas de escolha e os jogos — e isso é pouco discutível no caso das primeiras —, não há a menor dúvida de que as peças mestras de seu repertório venham dos adultos, e remontem mesmo a uma longínqua antiguidade. Chocalho, bilboquê, pião, remontariam aos primitivos. Pode-se então indagar como os ritos adultos puderam tornar-se simples jogos infantis. Dessa degradação temos exemplos indiscutíveis, bem perto de nós. Quando nossas crianças brincam de missa, de casamento, de enterro, há nisso uma degradação das cerimônias adultas que deve vir se produzindo através dos tempos. Dessa degradação, os etnólogos dão exemplos precisos. M. Griaule nos conta como viu crianças abissínias cantarem a roda para as cegonhas, de significado religioso, quando as cegonhas tinham ido para o norte há longo tempo. Dissemos anteriormente como o jogo mágico do bilboquê era praticado pelos esquimós sem nenhum significado mágico, quando a proibição de caçar no dia seguinte testemunha a persistência de um antigo tabu cujo sentido é hoje ignorado. Temos aí duas etapas dessa degradação de ritos primitivos em simples jogos. E nem há necessidade de muita reflexão para compreender que crianças tenham podido, apesar do sentido religioso desses objetos, se deliciar imitando as máscaras cerimoniais usadas amplamente nos povoados primitivos, ou os tambores, ou os ídolos que servem nas festas coletivas. Nossas crianças não constroem altares e não parodiam os cânticos sacros?

Para compreender a origem das regras do jogo, como a das palavras que acompanham esses jogos, é preciso recorrer à imitação do adulto. Aí ainda encontramos aquele apelo do mais velho de que jamais será demasiado dizer que é o princípio essencial da atividade infantil. Mas esse apelo do mais velho não leva apenas a imitar as cerimônias mais austeras.

---

39. Não conseguimos qualquer informação sobre o que sejam tais canções. O termo "Pimpenicaille" não consta de nenhum dos dicionários consultados. Pelo contexto, imaginamos tratar-se de canções que se aproximem, de certa forma, da nossa tradicional "embolada". (N.T.)

Tudo o que parece precioso ao adulto parece mais precioso ainda à criança. E isso nos explica a espantosa conservação por elas de armas há muito esquecidas pelo adulto, como assinalava Tylor: arco, balista, funda, zarabatana, são antigas armas de caça ou de guerra; e a zarabatana só é encontrada nos povos mais primitivos do mundo. Como a criança, ao brincar de caça e de guerra, instigada pelos mais velhos, não haveria de tomar-lhes emprestadas suas armas?

Mas essa conservação de remotas atividades e tradições é um outro ensinamento. Se nossas crianças brincam ainda com fundas, se constroem ainda castelos de areia com torres e fossos, é preciso reconhecer nisso uma espantosa manifestação de conservantismo.[40] Notamos já, estudando a ordem e a regra, como a criança gosta de conservar o que um dia assimilou, como detesta as mudanças, como se prende a um formalismo rígido. Esse pequeno mundo não é nada revolucionário como, bem ao contrário, será a adolescência. Para encontrar semelhante culto do rito e das fórmulas, tamanha ligação às tradições, seria necessário voltar às sociedades mais remotas. Uma personalidade em formação encontra-se, de fato, em luta com as mesmas dificuldades que uma sociedade em organização. De uma parte e de outra, é necessário apegar-se à aquisição antes de tentar ir mais longe, a fim de ter uma base sólida sobre a qual construir. Numa e noutra encontra-se então, a fim de conquistar um suficiente domínio de si, uma verdadeira disciplina da personalidade, os mesmos meios inferiores: um grupo fortemente hierarquizado, uma tradição imperiosa, um culto ao que já foi feito. Sem dúvida não se pode aproximar completamente o grupo infantil e a tribo primitiva; é claro que as diferenças são inúmeras. Mas é notável que os mesmos problemas a resolver engendrem as mesmas soluções e que, a despeito de nossa civilização equalitária e democrática, nossos pequenos voltem às tiranias das eras passadas.

Essa persistência dos jogos apresenta um outro interesse. Os jogos das crianças parecem não deixar nenhuma marca, eles são, diz Alain, escritos na areia, como o jogo da amarelinha. Mas por suas regras, suas fórmulas, podem nos pôr em contato com um passado esquecido. É também com razão que os etnólogos de hoje não hesitam, como M. Griaule, em se debruçar sobre os jogos das crianças dos mais diversos países. Como os contos podem nos permitir adivinhar cerimônias e crenças das quais não resta mais quase nada, os jogos nos permitem, às vezes, sondar uma história ignorada. Sua dis-

---

40. "Praticamente, não há mais cesteiros nas aldeias. As crianças, conservadoras na matéria, são as únicas a fabricar objetos de cestaria." (G. Balandier, "in" *Enfance*, n.º 4, p. 291, *Sur les Lebou du Sénégal*.)

tribuição geográfica suscita problemas a quem pesquise a origem das civilizações modernas: a distribuição geográfica do pião sobre uma linha determinada virá de antigas migrações? Ou de trocas comerciais? Estará ligada a um culto desaparecido comum a uma extensa faixa territorial? A atmosfera das cerimônias das mocinhas, girando quase sempre em torno dos grandes problemas da vida, amor, nascimento, morte, o outro mundo, nos traz eflúvios de uma atmosfera mais pungente e mais misteriosa. Por trás do bebê que agita seu chocalho, há gerações inumeráveis cujos antepassados adoraram o que nada mais é que um mero brinquedinho.

CAPÍTULO III

OS JOGOS, AS IDADES E OS CARACTERES

A. — Os jogos e os caracteres

Concluímos o estudo da natureza propriamente dita do jogo. Mas resta-nos compreender não o papel que justifica sua existência, sem o que a seleção natural sem dúvida teria eliminado uma espécie perdendo toda uma longa infância em atividades inúteis, mas o que podemos atribuir arbitrariamente ao jogo. Ao lado do que se poderia chamar seus fins naturais (pré-exercício, afirmação do *eu*), o jogo pode de fato assumir fins artificiais. O adulto pode usá-lo a fim de conhecer e de formar a criança. A esses papéis artificais será dedicado este capítulo.

Conhecer e formar, dissemos. Mas pode-se procurar conhecer a criança de dois pontos de vista diferentes. Pode-se tentar descobrir em cada uma o fundo pessoal e original que subsiste em geral toda a vida e que faz com que cada um de nós apareça aos outros como uma individualidade qualitativamente distinta das demais, por exemplo, como um indivíduo nervoso, obstinado, rancoroso, emotivo. Tal estudo é obra da *caracterologia*, cujo desenvolvimento recente foi extremamente rápido. A esse estudo o jogo pode fornecer indicações preciosas.

Em lugar de querer delimitar num indivíduo os elementos constantes e individuais, pode-se esforçar para desenhar as grandes linhas da evolução individual, que são comuns aos diversos indivíduos. Essa pesquisa genética é, em relação à precedente, o que, na sociologia de A. Comte, a dinâmica é em relação à estática. A essa psicologia genética, o estudo do jogo pode igualmente trazer dados de primeira ordem, mostrando, por exemplo, como os interesses da criança evoluem de idade para idade, e como as tendências primitivas vão se diversificando, se combinando, se complicando.

De que os conhecimentos desse gênero podem guiar o pedagogo, não há a menor dúvida. É necessário, sobretudo se se quer realizar essa "escola sob medida", cuja necessidade premente foi mostrada por Claparède entre outros, considerar os dados individuais, e aí o estudo caracterológico é da maior utilidade. E para conceber uma série de estudos que seja paralela ao desenvolvimento da inteligência e da alma infantis, é preciso conhecer esse desenvolvimento. Mas o papel pedagógico do jogo não se limita à aquisição desses dados úteis ao pedagogo. O jogo dá origem a inúmeras atividades superiores, senão a todas, arte, ciência, trabalho etc. Ele constitui, portanto, como o vestíbulo natural dessas atividades; é por seu intermédio que a criança pode chegar a elas. Sabe-se assim que se pode buscar no jogo um meio de educação. Os métodos ativos têm usado e às vezes abusado do jogo. Convém, portanto, ver em que sentido e até que ponto o jogo pode conduzir a criança ao limitar da vida social e fazê-la conhecer o trabalho.

Vejamos, primeiramente, que ajuda o estudo dos jogos infantis pode prestar à caracterologia. Quando se estuda o caráter de um ser, pode-se abordar esse estudo segundo diversos pontos de vista. Pode-se procurar inferir o caráter pelas formas do rosto e do corpo na morfopsicologia, como o fazem Kretschmer, Corman, Sheldon (o que se define então é o temperamento, mais que o caráter). Pode-se igualmente apelar para os testes de caráter, como o célebre teste de Rorschach; para o método de diagnóstico pelo desenho (Mme. Traube) ou pelas histórias (Mlle. Thomas). Enfim, o procedimento mais empregado para o adulto é o dos questionários que, após Heymans e Wiersma, M. Le Senne, na França, realizou uma fecunda utilização.

A morfopsicologia não nos interessa aqui. O procedimento dos questionários convém mais aos adultos; é muito difícil utilizá-lo com crianças. Os três outros procedimentos que citamos usam o jogo de uma maneira particular. Tomemos, com efeito, o teste de Rorschach. Ele consiste em apresentar ao indivíduo cartelas em que estão representadas manchas de tinta, e perguntar-lhe o que vê nelas.

A interpretação leva em conta vários fatores: o indivíduo vê o conjunto ou apenas uma parte da cartela? Vê seres imóveis ou em movimento? Qual é a natureza dos seres percebidos (vivos, humanos, objetos inanimados)? Não vamos aqui discutir o valor desse teste, a que foram dedicados vários estudos e que às vezes foi severamente condenado. Observemos somente que ele é baseado num jogo de criança. Antes da invenção do teste, as crianças se divertiam — como sempre — fazendo uma mancha numa folha, dobrando essa folha, e observando o resultado.

O método de diagnóstico pelo desenho estuda desenhos espontâneos, levando em conta ao mesmo tempo a técnica, o estilo, as cores e o conteúdo. O método das histórias consiste em contar à criança o início de uma história e deixar que esta termine à sua vontade. Nos dois casos, o conteúdo do desenho e do fim da história pode ser revelador de tendências ocultas, de complexos íntimos da criança; uma interpretação sutil permite assim penetrar na personalidade infantil e até no fundo permanente do caráter de elementos secretos. Podem-se igualmente interpretar elementos puramente formais: assim, a criança alegre preferirá o vermelho, a triste terá uma propensão a usar mais as cores suaves, cinza, negro, violeta. Ainda aí estamos diante de autênticos jogos. Os desenhos, as histórias constituem de fato, para algumas crianças, uma atividade perfeitamente espontânea com todas as características da atividade lúdica: a criança orgulha-se de seu desenho ou de sua história, como de sua construção ou de sua vitória numa partida de barras.

Que o jogo possa assim servir como meio de análise de caráter, é fato que não nos surpreende. Como bem sabemos, a criança se dá inteiramente a seu jogo, porque este lhe serve para afirmar sua personalidade total. Há, para cada criança, um estilo de jogo, como há um estilo característico de cada artista. Basta olhar com atenção uma coleção de desenhos de crianças para perceber logo a diversidade dos estilos. O desenho de uma criança, dizia Claparède, é "um pouco de sua alma exposta no papel". Mas essa afirmação vale para todos os jogos infantis. "Os desejos secretos da criança — ser grande, forte, hábil, célebre —, suas simpatias, antipatias, gulodice, sensualidade, crueldade se refletem em seus jogos prediletos." [1] Se assim é, não podemos usar esses jogos para desvelar seu caráter oculto? Não podemos buscar ajuda nos jogos comuns como buscamos nos desenhos e histórias? Parece que sim.

É o que tem tentado, de várias maneiras, a escola psicanalítica, em particular o grupo inglês constituído em torno de Mrs. S. Isaacs. Uma tentativa mais recente, mas que procede da mesma inspiração, ou antes, nada mais é do que um seu aspecto particular, é o método de diagnóstico e de estudo através do jogo de marionetes desenvolvido em especial por Mlle. Rambert. Ela usa o jogo como a psicanálise usou antigamente o sonho; para ela, "essas histórias que ela (a criança) nos conta ou inventa diante de nós, brincando ou desenhando, são, como seus sonhos, uma expressão simbólica de seus problemas interiores". [2] Chega-se assim, com Piaget, a considerar que "há um parentesco inegável entre o sonho e o jogo". [3]

Mas é preciso distinguir aqui; não se pode — já o dissemos estudando o princípio do jogo — considerar que todo jogo seja a expressão de tendências ocultas; por isso o psicanalista tende a se interessar

---

1. Lacroze, *La Fonction de l'Imagination*, p. 69.
2. *La Vie Affective et Morale de l'Enfant*, p. 17.
3. Prefácio à obra de Mlle. Rambert. M. Piaget estudou ele próprio esse parentesco numa obra sobre *A Formação do Símbolo na Criança*.

de preferência pelos jogos representativos: desenho, histórias, marionetes. Por outro lado, mesmo nesses jogos, não se pode interpretar toda representação como uma representação simbólica de tendências ocultas. Insistamos nesses dois pontos.

Sem dúvida, a criança se identifica, às vezes, com a marionete (como com os heróis das histórias que inventa), e Mlle. Rambert tem razão quando cita a análise que faz G. Sand da marionete: "Ela obedece a meu capricho, à minha inspiração, a meu calor... todos os seus movimentos são conseqüência das idéias que me vêm e das palavras que eu lhe empresto... ela sou *eu*, enfim, isto é um ser e não uma boneca".[4] Também a história que a criança conta, a propósito do jogo de marionetes, pode revelar certas tendências: veja-se a menina que brinca de marionetes e inventa uma história em que uma garota, para se vingar dos pais, joga sua irmãzinha pela janela, depois mata seu pai e sua mãe; revela-se aí uma violenta agressividade contra a mãe culpada por ter dado à menina uma irmã, agressividade que confirma o comportamento usual (e que nega a criança). Essa história é como uma confissão inconsciente.

Mas nem todos os símbolos são assim tão claros, e é preciso usar de extrema desconfiança na sua interpretação — o que nem sempre fazem os psicanalistas. Não se pode dar uma interpretação psicanalítica a toda imitação. A criança, Valentine observa com razão, não representa unicamente os seres a que gostaria de se assimilar. Quando ela "faz" o carvoeiro, quando "faz" um desconhecido M. Martin, mais ainda, quando pretende representar uma máquina, uma árvore ou uma sopeira, não se pode tirar nada dessa representação arbitrária para uma análise das tendências infantis. A criança está longe de desejar ser um carvoeiro ou uma árvore. E se se pensa que uma garotinha brinca de mãe e filha e prefere ser a mãe, porque de fato ela queria substituir a mãe no afeto de seu pai, tal explicação poderia convir não apenas ao garotinho que brinca, também ele, de boneca, mas ainda ao macaquinho que também brinca de dar cuidados, e cuja espécie não comporta família monogâmica e, conseqüentemente, não pode justificar o ciúme exclusivo da garotinha? Arrisca-se a cair no puro arbítrio, querendo dar sempre ao jogo representativo uma interpretação psicanalítica; acontece muito que a criança que desenha não representa absolutamente nada (interpretando o desenho apenas quando é questionada), ela faz uma série de rodeios e, quando o adulto a interroga, inventa que é uma plantação de batatas; ela desenha várias figuras sem pensar que aquilo é "a feira". Não se deve procurar sempre um fim oculto nas atividades que se explicam mais

---

4. *La Vie Affective et Morale de l'Enfant*, p. 19.

facilmente. A criança desenha círculos pelos próprios círculos, porque gosta dessa forma regular; desenha bonecos para provar para si mesma a sua habilidade. Os fins aparentes são quase sempre os únicos reais. Amor à ordem, desejo de se fazer valer, eis a explicação simples da maior parte dos jogos infantis.

Esquece-se também com freqüência que as tendências ocultas, segundo a doutrina psicanalista, só vêm à luz nas atividades mentais ou motoras de tensão fraca, do tipo do sonho, atos falhos, lapsos, esquecimentos etc.; eis os melhores exemplos. E se se apela tanto para o jogo, é que se imagina seja ele análogo ao sonho, que, como tal, é uma atividade de baixa tensão. Nada mais falso. Há, sabemos, jogos em que a tensão lúdica se relaxa. Mas na maior parte das vezes o jogo comporta uma seriedade extrema para a criança. A seus olhos, o jogo não é absolutamente uma atividade menor — como para o adulto —, é a atividade maior, aquela pela qual pode afirmar seu *eu*. Que os jogos de baixa tensão possam deixar filtrar tendências ocultas, por exemplo nos casos de histórias contadas ao adulto, ou de desenhos, costuma de fato acontecer. Mas seria conceber mal uma tal filtragem nos jogos em que a criança se entrega totalmente. No fundo desse exagero há uma falsa concepção do jogo, que todas as nossas análises desmentem. O jogo, nunca é demais repetir, é coisa séria, é mesmo a coisa mais séria para a criança. Pelo jogo, ela se encontra, a maior parte do tempo, do lado oposto ao sonho.

Isso é especialmente verdadeiro para os jogos não representativos. O jogo funcional exprime apenas o impulso interno das impulsões primitivas. Os jogos de regra arbitrária são, em geral, praticados com muita seriedade, para poder nos dar a conhecer outra coisa além da tenacidade e da vontade da criança. Quanto aos jogos de valentia, bem como os tradicionais, seu significado é bastante claro para que não haja necessidade de procurá-lo alhures; o desejo de afirmar-se e o apelo do mais velho manifestam-se aí com muita violência.

Será então que negamos ao jogo, salvo alguns casos excepcionais, todo valor como meio de análise de caráter? Absolutamente, mas não acreditamos que se deva apelar sempre para tendências ocultas, que apenas uma interpretação psicanalítica descobriria. O jogo depende de fatores claros e, em cada criança, o estudo do jogo pode nos informar sobre a natureza e a intensidade desses fatores. Como os pedagogos sabem, a criança mostra claro em seus jogos suas disposições essenciais, ainda quando está de má-fé. A trapaça e as discussões bizantinas que com freqüência acompanham sua descoberta são mais reveladoras que muitos estudos feitos em sala. No jogo, a criança mostra, aliás, sua inteligência, sua vontade, seu traço dominante, sua personalidade, enfim. Todo pedagogo digno desse nome há muito está atento a essas múltiplas indicações dadas pela maneira de jogar/brincar. Mas não é necessário, para entender esses signos, nenhum conhecimento psicanalítico. O essencial é conseguir se colocar no lugar da criança, é ter o que poderíamos chamar de "a percepção da criança". Se podemos reencontrar nossa juventude, seus amores, ódios, repugnâncias e audácias, se, libertando-nos dos esquemas rígidos de nossa mentalidade adulta, somos capazes de comungar a sutileza da mentalidade infantil, então, e apenas então, saberemos ler essas confissões que elas fazem nos folguedos de nossos pátios escolares. Trata-se aqui menos de ciência do que de juventude de alma e de intuição. Nesse aspecto, um bom professor de escola valerá muito mais do que um medíocre psicanalista.

Isso não quer dizer que essa "percepção da criança" baste. Ela pode ganhar valendo-se, na sua exploração da alma infantil, de procedimentos fornecidos pela psicologia científica. Por exemplo, desde tenra infância podem-se usar comportamentos de jogo dos bebês, quando brincam juntos, para estudar sua sociabilidade através de estudo sistemático de suas reações sociais. Esse estudo será puramente objetivo; assim ele foi inicialmente empregado nos trabalhos que Katz realizou com animais (filhotes); mas, aplicado à criança, como fizeram Katz e Ch. Bühler, pode dar frutos tanto para a análise caracterológica quanto para o estudo da psicologia genética. É, no fundo, o mesmo meio de estudo de que se serve o professor que observa os primeiros contatos entre um aluno novato e os demais ou entre vários alunos, mas o procedimento científico acrescenta à intuição do professor o uso de estatísticas e de gráficos que permitem valiosas comparações.

Quando se trata de jogos solitários, sem interferência da atuação de outras crianças, a escolha do jogo é sempre significativa. Entre nossas crianças encontramos sonhadores que contam histórias para si mesmos e praticam jogos de ilusão, mas encontramos também naturezas ativas, mais tendentes às conquistas proporcionadas pelos jogos de regra arbitrária. Os jogos a que podemos chamar jogos de desordem, nos quais a criança impõe sua marca sobre as coisas, suprimindo a ordem original, quebra de objetos ou de vidraças, maltrato de flores etc., são evidentemente testemunho de uma mentalidade inferior; é mais fácil entregar-se a um empreendimento pela desordem do que pela realização de uma ordem própria. A euforia é também um sinal valioso; se é natural nos brinquedos de grupo, sua aparição freqüente nos jogos solitários testemunha geralmente um desequilíbrio ameaçador; há jogos de euforia como jogos de desordem: gritar o mais alto possível, correr até perder o fôlego, rodar com velocidade em torno de si mesmo. Esses jogos, comuns nos grupos, são normalmente raros na criança solitária.

Se é muito difícil, quando se trata da criança tomada isoladamente, proceder, com base no jogo, a uma análise caracterológica

101

precisa, em compensação, quando se trata de grupos, pode-se mais facilmente distinguir os caracteres específicos de cada uma. Por exemplo, cada escola tem um estoque particular de jogos, mais ou menos numeroso, e pode-se, pela quantidade e qualidade desse estoque, ter uma indicação sobre a mentalidade média do grupo. Nós nos deparamos aqui com uma dificuldade sempre presente também no uso de testes. Excelentes para as pesquisas psicológicas que estudam os grupos infantis, eles podem revelar-se absolutamente medíocres quando se trata de analisar um indivíduo particular cuja textura mental é estruturada diferentemente da "alma do grupo".

Pesquisas sobre os jogos das crianças, feitas em países diferentes, apresentam conclusões interessantes sobre as mentalidades das diversas populações. Se se comparam, por exemplo, os jogos que M. Griaule levantou entre os abissínios e entre os Dogons aos jogos de nossos pequenos, constatam-se, ao lado de espantosas semelhanças, impressionantes disparidades: por exemplo, o papel dos trotes nos jogos abissínios é surpreendente, enquanto é mínimo nos jogos franceses. As pesquisas sobre as fórmulas de escolha que organizamos em regiões muito distanciadas (Norte, Gironda, Baixos-Pirineus) revelaram igualmente entre essas regiões diferenças às vezes bastante apreciáveis, mas superficiais: assim, o rei Henrique reaparece quase sempre no Midi e é quase ignorado no Norte, o estoque de fórmulas de escolha não é o mesmo no Norte e no Midi. Mas, dizíamos, são diferenças superficiais que se ligam menos a diferenças de mentalidade do que a tradições históricas divergentes. Em compensação, há escolas muito pobres nessas fórmulas, as das aldeias camponesas em geral, enquanto que as urbanas, muito mais ricas, atestam conhecimento muito maior.

O estudo do jogo é muito mais revelador se se comparam os jogos dos dois sexos. Aqui também há bom material de pesquisa. A simples observação nos permite, de pronto, algumas conclusões. O jogo das meninas é geralmente muito mais disciplinado do que o dos meninos; raramente há euforia. As regras são mais estritas, deixando menor espaço à iniciativa, como se vê nas cerimônias e rodas. Não se pode, entretanto, atribuir essa superioridade da disciplina das meninas às regras mais estritas; quando os meninos adotam um jogo delas, ele, de fato, muda de característica. A "capucine" de que as meninas de 5 anos já brincam, é durante muito tempo inviável entre os meninos, em razão da euforia que provoca. Quando meninos brincam de amarelinha, de pular corda, de roda, vê-se nessa brincadeira emprestada uma atmosfera de vivacidade e de independência, um relaxamento de disciplina, até mesmo uma euforia que às vezes não existia na versão original. Não se pode, da mesma forma, apelar para uma autoridade mais sólida dos mentores. Muito ao contrário, o grupo de meninas não tem uma hierarquia tão nítida quanto o dos meninos; acontece haver várias mentoras, o que jamais constatei entre meninos antes do período que precede a adolescência.

Por outro lado, esse grupo, menos denso, é também menos exclusivo. As grandes aceitam mais facilmente as pequenas em seus jogos, são mais benevolentes com elas, acontece até — mas raramente — confiar-lhes por um tempo o papel principal.

Enfim, isso é sabido, os jogos são quase sempre calmos, e alguns exigem até imobilidade. Às vezes a recreação fica apenas na simples tagarelice. Acontece que, no jogo de "feixes",[5] as meninas esquecem completamente a perseguição para se apegarem aos ritos prescritos pelas regras; ao contrário, num jogo como esse, os meninos abandonariam as regras em favor da perseguição. Há um sem número de brinquedos de meninas que se praticam em círculo imóvel; o que é raro entre os meninos e, nesse caso, os participantes se desinteressam facilmente do brinquedo, sobretudo os mais novos. Notemos também o papel mais importante ocupado pelas canções; entre os meninos o canto desanda logo em grito, pela euforia. E, ao papel mais importante das canções, relacionemos o fato de que as meninas brincam com muita freqüência de encenar uma canção. Daí que, para elas, os jogos representativos têm duração mais longa e atraem mais que para os meninos.

Temos um certo número de estudos sobre as diferenças dos jogos entre os sexos, cujos resultados podem confirmar as observações anteriores. Citemos os trabalhos de Miss Farwell, sobre as crianças das escolas maternais e das classes primárias até 8 anos. Eles mostram que ainda que nos dois primeiros anos, as crianças de ambos os sexos preferem materiais com os quais podem fazer construções, depois dos 4 anos essa preferência só subsiste entre os meninos: "Em geral, escreve Ch. Bühler, pode-se concluir que os meninos preferem os materiais de construção a todo outro material, enquanto as meninas escolhem materiais mais fáceis de adaptar e mais expressivos como a pintura e a massa de modelar. Essa diferença é determinada pelo sexo da criança a despeito da influência da prática."[6] Miss Ravenhill realizou pesquisas de um outro gênero com crianças de escolas maternais, cujo resultado é apresentado no quadro seguinte, no qual as porcentagens se referem ao número total de jogos mencionados pelas crianças:

---

5. No original, "fagots", feixes. "Fagots" são · feixes feitos com galhos e amarrados. Não conseguimos, em nossas pesquisas, uma descrição do jogo, por mínima que fosse. (N.T.)
6. *From Birth to Maturity*, pp. 96-97.

Classificação dos jogos prediletos [7]

Grupo de jogos	Meninas		Meninos	
	3 a 5 anos	6 anos	3 a 5 anos	6 anos
Jogos ativos sociais	65,75	65	67	61
Destreza individual	12,25	8	10,5	11,25
Jogos dramáticos e danças	17,25	14	13,25	7,75
Jogos de bola	2,75	10,25	8,25	16,25
Jogos de interior	1,25	2,75	1	3,5

Pode-se notar nesse quadro a preferência das meninas pelos jogos dramáticos (mais calmos), e a dos meninos pelos de bola, mais ativos naquela idade em que não apresentam ainda para as meninas o atrativo do ritmo (elas são ainda pouco capazes para os jogos de bola ritmados de que tanto gostam as maiores).

Uma pesquisa muito mais ampla foi feita por Terman em seus *Genetic Studies of Genius*. Terman chegou a determinar o que chama de "o coeficiente de masculinidade" de alguns jogos. Os coeficientes vão até 24; acima de 13, trata-se de jogos preferidos pelos meninos; abaixo de 13, dos preferidos pelas meninas. Eis alguns dos resultados obtidos:

Coeficiente 24 : instrumentos.

" 21 : caminhada.

" 20 : papagaios, bicicleta, bolinhas de gude, boxe, futebol (americano), luta.

" 19 : piões, beisebol, máquinas.

" 18 : pesca.

" 17 : arco e flecha, esqui, futebol (inglês).

" 16 : pernas de pau, jardinagem, basquete.

" 15 : arco e aro, natação, remo, caça, estalar chicote, corrida, salto, *hockey*.

" 14 : pula-carniça, tobogã, *camping*, cavalo, bolas diversas, xadrez, bilhar, gamão.

" 13 : "épervier", a raposa e os gansos, "croquet",[8] voleibol, dominó, cartas, mapas históricos ou geográficos, anagramas.

---

7. Citado a partir de Jonckheere: *La Pédagogie Expérimentale au Jardin d'Enfants*, p. 87.
8. "Croquet": trata-se de jogo com bolas de madeira que são arremessadas com o auxílio de uma espécie de marreta também de madeira. (N.T.)

Coeficiente 12 : correio, a raposa e os cães, tênis, autores, bonecos de palha.

" 11 : pulga, esconde-esconde, quatro cantos, igreja, quebra-cabeças (jogos de paciência).

" 10 : "grão grão de cevada", rodas, o gato e o rato, pular corda, adivinhações, mímicas.

" 8 : dança, costura, mercearia.

" 7 : tricô ou crochê.

" 6 : escola.

" 5 : cozinha, mãe e filha.

" 4 : amarelinha.

" 3 : mascarada.

" 2 : boneca.

"Um fato saliente destacado por esses coeficientes de masculinidade", conclui Terman, "é que quase todos os jogos que implicam uma atividade violenta estão incontestavelmente do lado masculino da escala".[9]

A pesquisa de Lehmann e Witty abrangendo 19.000 crianças concluiu que "em primeiro lugar, na sua vida lúdica, os meninos são mais sujeitos a variações do que as meninas. Eles se engajam com mais freqüência nos seguintes tipos de atividade: jogos ativos e vigorosos, que implicam destreza e agilidade musculares, que incluem competição e os mais finamente organizados. Por sua vez, as meninas mostram mais conservantismo em sua vida lúdica; elas participam com freqüência de atividades sedentárias e de atividades que implicam uma ação restrita".[10] Por outro lado, Foster constata que as meninas mostram mais interesse pelos jogos dramáticos.

Esses resultados são confirmados ou esclarecidos por outras pesquisas que, ainda que nem sempre tratem diretamente de jogos, nos ajudam a compreender as diferenças entre os jogos/brincadeiras dos dois sexos. Estudando o comportamento de crianças de escolas maternais, Hattwick concluiu que, em suas relações com outras crianças, os meninos são mais levados a agarrar os brinquedos, a atacar os outros ou a recusar partilhar, enquanto que as meninas são mais levadas a se abster de jogar e a abandonar facilmente o jogo. Outras pesquisas com crianças da mesma idade mostram que os meninos são, mais do que as meninas, levados a desentendimentos (Berne) ou a um comportamento agressivo (Caille), mais questionadores (Green,

---

9. *Manuel of Child Psychology*, de Carmichael, p. 958, 1.ª ed.
10. *Ibid.*, p. 959.

Dawe), que mostram mais combatividade e tendência dominadora em seus jogos/brincadeiras livres (Fuxloch). Tais resultados confirmam o que já havíamos constatado; eles se repetem ao longo de toda a infância e até na adolescência.

Dissemos anteriormente que os jogos das meninas são em geral mais organizados, que seu grupo, mais disciplinado, é, entretanto, menos hierarquizado. Essas observações nos permitem compreender os resultados a que chegaram os psicólogos americanos em estudos experimentais do comportamento social nos dois sexos. "Inúmeras pesquisas, afirma Terman, sugerem que a menina mostra mais sociabilidade, mas que tendências introvertidas e sentimentos de inferioridade inibem muitas vezes sua participação social".[11] Questionando metodicamente as crianças sobre seus gostos, chega-se, de fato, a desvelar um cuidado mais constante com a sociedade, um maior desejo pelos companheiros, um maior respeito pela disciplina do grupo, uma preferência pelos jogos sociais entre as meninas (Terman, Jersild, Wyman, Burks etc.). Até os apelidos dados aos amigos variam de um sexo para o outro, em função dessa sociabilidade feminina mais desenvolvida (Orgel e Tuckman). O ciúme é mais desenvolvido entre as meninas (Cason). Estas sonham mais com os membros da família ou com pessoas amadas ou detestadas (Schubert e Wagner, Foster e Anderson). Nas escolas maternais, as meninas participam mais do que os meninos dos pequenos grupos de jogo (Chavaleva-Janovskaja, Challman).

Não se pode negar o interesse de todas as pesquisas que acabamos de citar — e há inúmeras outras. Elas permitem confirmar e estimar matematicamente diferenças que a simples observação já desvela (nós nos liberamos consideravelmente desse aparato matemático que os psicólogos americanos sempre usam). Mas é preciso convir que as pesquisas não acrescentam grande coisa a um bom observador, como o próprio Terman afirma: "Os estudos dos grupamentos sociais não nos parecem especialmente férteis; sua principal contribuição é na quantificação de uma informação trivial para todos os que observam as crianças."

B. — Os jogos e as idades

Às variações segundo os sexos correspondem variações segundo a idade, de que já tivemos ocasião de falar. Mas com estas nós abordamos um problema mais amplo, o da evolução do jogo através do tempo. Pois o jogo não é estável, imutável como pode ser um

---

11. *Manuel of Child Psychology*, de Carmichael, p. 970.

caráter. E podem-se distinguir pelo menos quatro aspectos genéticos do jogo. O primeiro, que ressalta da sociologia, diz respeito à origem das regras tradicionais: tratamos disso anteriormente. O segundo refere-se às variações dos jogos praticados em cada período da infância: um bebê não brinca como um garoto de treze anos. Pode-se, da mesma maneira, focalizar o ritmo de sucessão dos jogos durante um período e se perguntar como eles se sucedem durante uma recreação ou durante um período limitado, um ano por exemplo; o que leva a indagar se há um calendário de jogos. Enfim, pode-se considerar que todo jogo é a expressão de uma ou várias tendências, e estudar a maneira pela qual as tendências primitivas podem, na atividade lúdica, se modificar, se enxertar umas nas outras e engendrar novas tendências; em resumo: o estudo do jogo pode nos levar a examinar a vida das tendências. Além disso, estudando essa vida das tendências, se é, por isso mesmo, levado a estudar os vestígios que essas tendências deixam atrás de si, através de seu curso, isto é, as diversas regras segundo as quais elas comandam ação e pensamento ou, se se quer, os esquemas pelos quais elas se exprimem: assim, a tendência a se agrupar se exprime pelos esquemas coletivos como o círculo ou a fila.

Vamos agora, deixando de lado o primeiro ponto que examinamos anteriormente, tentar esboçar em linhas gerais os três outros aspectos sob os quais pode-se estudar a evolução dos jogos.

Já falamos um pouco sobre as variações dos jogos de idade para idade, tanto para indagar por que a criança brinca/joga quanto para estudar a gênese progressiva da sociedade infantil. Ainda nesse ponto, poderíamos apelar para as pesquisas que citamos a propósito das diferenças entre os sexos. Os resultados obtidos por Miss Farwell mostram que de 6 a 8 anos o gosto da criança pelos cubos atinge o auge, ao passo que o desenho tem pouca importância. "Todas as crianças, diz Ch. Bühler, constroem primeiro, depois desenham e pintam".[12] Nós próprios chegamos a conclusão idêntica: o jogo com os cubos surge desde os dois anos, depois vem a modelagem, enfim o desenho e a pintura.

Inúmeros trabalhos tratam do gosto pelas coleções. Citemos Durost, que entrevistou cerca de 10.000 crianças e adolescentes de 8 a 20 anos sobre seus interesses de colecionador. A idade mais marcada por esse gosto se encontra na faixa de 8 a 13 anos; segundo L. Danziger, 100% dos meninos e 91% das meninas de 11-12 anos fazem coleções, resultados que confirmam outras pesquisas. Os objetos colecionados variam de um sexo para o outro, o que prova

---

12. *Ibid.*, p. 103.

as pesquisas de M. Whitley: parece que os interesses dos meninos são mais práticos (bolinhas de gude, "tickets",[13] moedas, selos), os das meninas mais idealistas (amostras de trabalhos escolares, cartas, fotografias, revistas, pinturas). Mas os interesses mudam com as idades; assim entre os meninos, os objetos prediletos seriam as bolinhas de gude de 7 a 9 anos, depois os "tickets" de 11 a 13; entre as meninas, após os 12 anos, as coleções de brinquedos cessam e os objetos prediletos são as cartas.

Tais resultados são ainda muito específicos. Uma ampla pesquisa foi, na verdade, realizada por Terman, aquela de que nos utilizamos anteriormente. Mas se é possível aceitar os resultados de Terman no que respeita ao índice de masculinidade de cada jogo, o mesmo não se pode dizer quando se trata das idades em que esses jogos são preferidos. O método que consiste em entrevistar as crianças, tome-se que precaução tomar, é de fato insuficiente, pois a intervenção do apelo do mais velho compromete, parece-nos, os resultados: a criança cita mais facilmente os jogos dos grandes que ela queria praticar do que os realmente praticados, cita como conhecidos jogos que na verdade conhece mal; além disso, Terman deveria observar que, contrariamente ao que se poderia esperar, "em vez de aumentar com a idade, os jogos marcados como conhecidos tendem a ficar pouco numerosos". Em compensação, as mudanças nos jogos citados podem nos esclarecer sobre a evolução dos interesses lúdicos ao longo da infância. Focalizando todo o período de 6 a 17 anos, Terman encontrou para cada jogo um índice de maturidade (variável segundo os sexos); quando esse índice ultrapassa 13, o interesse pelo jogo vai crescendo ao longo da infância até o início da adolescência; se não, o interesse vai decrescendo. Citemos alguns desses índices; o primeiro número diz respeito aos meninos, o segundo, às meninas:

Arco[14] (7, 13), pião (14, 16), arco e flecha (11, 14), bicicleta (25, 18), patinação (12, 13), jardinagem (14, 11), dança (15, 14), pesca (17, 14), natação (18, 17), caça (21, 15), costura (22, 18), cozinha (18, 23), tricô ou crochê (15, 23), ferramentas (20, 15), pulga (7, 10), grão grão de cevada (11, 7), esconde-esconde (11, 7), amarelinha (11, 5), vela (9, 7), cabra-cega (13, 10), o gato e o rato (6, 15), quatro cantos (11, 9), "épervier" (11, 15), bolinhas de gude (14, 15), barras (14, 22), corda (8, 9), pula carniça (12, 9), beisebol

---

13. De início pensamos tratar-se de figurinhas. Falantes nativos do francês nos informaram, entretanto, tratar-se de toda espécie de bilhetes de passagem, entradas, ingressos etc., que os meninos adoram colecionar. Como não temos um termo que traduza tudo isso, mantivemos o original. (N.T.)

14. No original, "cerceau". Trata-se do arco (ou aro) de barril, que pode ser de madeira ou de metal. Diferente, portanto, do arco que faz parte do brinquedo "arco e flecha". (N.T.)

108

(19, 25), corrida (16, 22), futebol (19, 16), boxe (18, 15), tênis (18, 20), *rugby* (18, 17), boneca (13, 1), mascaradas (13, 5), loja (9, 6), escola (8, 6), igreja (14, 9), dominó (13, 15), autores (13, 17), cartas (12, 19), anagramas (13, 16), xadrez (14, 17), bilhar (15, 16), charadas (14, 16).

Que alguns desses resultados são medíocres, é evidente, por exemplo os que se referem ao arco cujo interesse iria crescendo entre as meninas, à boneca pela qual o interesse dos meninos permaneceria constante, aos jogos de cartas que interessariam cada vez menos aos meninos. É que a pesquisa se refere a um intervalo muitíssimo longo, de modo que um interesse que predomina após 11 ou 12 anos para desaparecer completamente após 13 ou 14, aparece crescente de 6 a 17 anos. Ademais, o número de crianças testadas nem sempre é significativo e a interferência do apelo do mais velho, de que já falamos, tende a mudar todos os interesses. Se citamos tais resultados, é simplesmente a título de indicações muito amplas; além disso, eles permitem comparar a evolução dos interesses nos dois sexos (as limitações dos resultados sendo então da mesma ordem e se anulando reciprocamente).

Se se quer obter resultados mais precisos, é necessário trabalhar com um número muito grande de crianças e estabelecer índices referentes a períodos muito mais curtos (senão mesmo curvas). Mas, ainda assim, os resultados se revelariam medíocres, pois não se poderia evitar que não fossem falseados pela interferência do apelo do mais velho. O melhor mesmo seria abandonar o método de questionários em favor do método de observações.

É a esse método que nós próprios recorremos e, se não pudermos numerar exatamente os interesses por cada jogo ou grupo de jogo, os resultados podem facilmente ser verificados por qualquer educador nos pátios de sua escola. Eles concordam, aliás, com numerosas outras observações análogas (de Lee, Varendonck, Queyrat etc.). Sem dúvida seria desejável que esses primeiros resultados empíricos fossem confirmados ou corrigidos por observações mais precisas; mas, enquanto esperamos que isso seja feito, eles nos permitirão esboçar a evolução dos jogos ao longo das idades e tirar daí uma classificação.

Os primeiros jogos, como os do bebê, não têm nenhuma regra. A regra aparece com as primeiras imitações sob uma forma disfarçada e inferior, durante o segundo ano, mas é preciso um certo tempo para que ela se libere completamente dessa forma inferior. Durante todo esse tempo, os jogos não regulamentados ficam em primeiro plano, sendo até possível estabelecer para eles uma primeira classificação.

Tais jogos são mais próprios dos animais, enquanto os regulamentados são propriamente humanos.

Entre esses jogos não regulamentados do bebê, os primeiros são puramente funcionais; correspondem a gestos espontâneos que a criança repete, por efeito dessa reação circular cuja importância assinalamos em nossa introdução. Pode-se estudar a aparição progressiva desses jogos. É assim que Daniels e Maudry mostraram que eles se referem primeiro à mão; depois o antebraço ganha importância por volta de três meses e meio, enfim, mais ou menos aos seis meses e meio, o braço todo entra em jogo. O estudo desses jogos em função da idade permitiu até o surgimento de testes de desenvolvimento característicos de cada idade, que possibilitam acompanhar o desenvolvimento da criança.

Mais tarde interferem os jogos hedonísticos, nos quais a criança busca se dar um prazer, por exemplo provocando um ruído ou se proporcionando uma sensação tátil.

Enfim, os jogos com o novo, de que já falamos, manifestam na criança faculdades que o animal ignora. Daí procedem jogos de exploração e de manipulação: exploração de seu corpo e do de outrem, jogos com areia, com animais etc. Mas não insistamos nas atividades que, mais do que verdadeiros jogos, comportando a consciência do jogo como tal, são meros esboços do jogo humano.

Antes de abordar os jogos regulamentados, é necessário, entretanto, fazer referência a jogos de um gênero especial. São os que, como os regulamentados, procedem de um desejo de se afirmar, mas que apelam para meios inferiores de afirmação. Assim são os jogos de destruição, dos quais é preciso aproximar os de desordem. Quebrar com uma vara os galhos altos de uma planta, eis um comportamento que todos conhecemos; a ele pode ser acrescido — o que acontece quase sempre com o adulto — um desejo de mostrar habilidade; mas já o simples fato de destruir dá uma satisfação inferior. Quebrar um objeto, jogar pedras em vidraças, derrubar um monte de feno, eis outros comportamentos ambíguos em que, a par do desejo de mostrar habilidade e da satisfação de triunfar, se mostra um prazer de simplesmente destruir, de sobressair pela destruição, deixando essa marca pessoal nas coisas. Geralmente os jogos de destruição, que aparecem em estado puro no animal, ficam marcados na criança por essa ambiguidade, pois tendências mais nobres interferem na tendência destruidora. É inegável nesses jogos um componente de prazer pela destruição; eles existem também entre os animais, tendo os estudiosos dos macacos já comprovado tudo isso. Esses jogos têm sempre o papel de revide contra o adulto, às vezes o revide não é contra o adulto, mas contra uma outra: a criança que acaba de ser repreendida pelo adulto ou pelo mais velho vai

110

destruir o castelo de areia de uma outra criança; isso a engrandece a seus próprios olhos e a compensa da diminuição que sofreu pela reprimenda. Vê-se, por esta perspectiva, como esses jogos podem ser comparados a alguns de provocação, que são também revides destruidores; a arruaça se exprime muito freqüentemente pela busca de uma desordem que incomoda o outro: por exemplo, passa-se no espaço de jogo do grupo de que se queria participar, para interrompê-lo. Às vezes mesmo a criança procura atrapalhar o jogo de que participa, fura a fila ou, quando os participantes se dão as mãos para fazer um círculo, puxa com força para que o círculo se rompa. É preciso, entretanto, reconhecer que esses jogos de destruição acontecem raramente, e quando a tensão do jogo é muito baixa.

Ao lado dos jogos de desordem, convém localizar alguns de arrebatamento, muito comuns a todo grupo, em especial quando uma atmosfera pesada põe os nervos à flor da pele. Agitar-se o mais possível, gritar o mais alto possível, dar um jeito de cair levando todo um grupo junto na queda, às gargalhadas, eis outros jogos de arrebatamento. Acrescentemos aí os jogos solitários, como descer uma encosta até perder o fôlego, rodar em torno de si mesmo o mais rápido possível até cair.

Esses jogos, a que se poderia chamar jogos de afirmação inferior de si, correspondem a um estado de espírito inferior que reaparece às vezes no adulto, nas arrelias e certas brincadeiras de gosto duvidoso; eles constituem às vezes uma maneira de entrar em contato com o outro, de dominá-lo ou, ao contrário, de retomar sobre ele uma vantagem perdida; mas, fora de todo meio social, a desordem e o arrebatamento podem já constituir uma afirmação de si.

Com a regra, essa afirmação de si toma um caráter diferente. Podem-se distinguir, entre os primeiros jogos regulamentados, os de imitação e os de construção. Os de imitação aparecem desde o segundo ano. Relacionam-se de início ao meio familiar ou, mais amplamente, ao meio social imediato: jogos de mãe e filha, de escola, de vendedor (os resultados de Terman aqui são claros). São esses os jogos prediletos entre 2 e 4 anos. Mais tarde as imitações reaparecerão, mas com outro caráter. Os modelos imitados pelos meninos de 7 a 8 anos não são mais modelos humanos; brincam de urso, lobo, coelho, trem, carro, moto. Um pouco mais tarde, esses jogos de imitação dão lugar a uma organização do grupo; imitam-se cenas e não mais seres individuais; o grupo brinca de "battaison",[15] de caravana, e de muitos outros jogos cujos modelos são parecidos, e nos quais cada criança tem sua função a desempenhar. Mas essa imitação nos leva já à quarta infância, ela necessita, na verdade, de uma

---

15. Vide nota 11, capítulo I. (N.T.)

organização análoga à dos jogos tradicionais que anuncia, ou acompanha.

Os jogos de construção começam muito cedo, quase tanto quanto as primeiras imitações. Sabe-se como são atraentes os cubos para as crianças de 2 a 4 anos. Brincar com cubos não é mais realizar um mundo concreto, representar alguma coisa que se conhece. Aqui a realização é abstrata, mesmo dando-lhe um nome ou fazendo-se uma torre ou uma escada. Assinalamos, a propósito da necessidade de ordem, a tendência que têm as crianças das escolas maternais a ordenar objetos sem significado, grãos de feijão ou conchinhas por exemplo. O que é notável nesses jogos, é que o esquema que os dirige não é, como nas imitações, concreto, tirado de conhecimentos triviais, mas puramente abstrato; ou, melhor dizendo, trata-se aqui menos de um esquema determinado que de uma tendência ampla à ordem que, concretizando-se, dá origem a esquemas diversos, como o quadrado, a linha ou o círculo. Desses jogos devem-se aproximar certos desenhos geométricos em que aparecem igualmente esquemas de círculo, de reta, de quadrado e freqüentemente de um quadrado com diagonais.

Os jogos de regras arbitrárias, que se desenvolvem após o fim da idade pré-escolar e no princípio da idade escolar, conservam, dos jogos de construção, a noção de uma regra. Mas a regra se libertou tanto dos esquemas concretos da imitação quanto dos abstratos mais primitivos e originais daqueles jogos. Daí para diante a criança pode criar regras novas. Sem dúvida essas regras novas surgem freqüentemente no caso de objetos particulares, paredes, escadas, calçadas; mas podem depender apenas do corpo como quando a criança brinca de se balançar cadenciadamente, de realizar uma caminhada bizarra ou de repetir certas frases.

Com a terceira infância, a partir de 7 anos aproximadamente, vê-se o surgimento de jogos de um caráter novo, jogos sociais. Os jogos figurativos e os de regra arbitrária podem já ser utilizados por um grupo. Mas, sobretudo entre os meninos, os jogos mais em voga nessa época são os de valentia. Ainda pouco capazes de organizar um jogo, mesmo de imitação coletiva, os pequenos constituem muitas vezes uma sociedade segmentária, em que cada um mostra seu valor. Analisamos anteriormente o surgimento e evolução desses jogos de valentia; quando eles atingem uma organização rudimentar, tornam-se jogos de competição (e anunciam os esportes individuais).

Deve-se notar que, entre as meninas, esses jogos de valentia têm menos importância, porque o grupo feminino se organiza mais facilmente; por isso, os jogos de imitação coletiva e os tradicionais simples têm, entre elas, um lugar importante.

O fim da infância, a partir de 10 anos, aproximadamente, vê desenvolverem-se os jogos do grupo organizado, os jogos tradicionais, que nascem dos precedentes. Os jogos de valentia dão origem aos tradicionais de competição cooperativa, como barras, quatro cantos, amarelinha, "semelle" etc. Nesses jogos, poderiam ser ainda distinguidos aqueles em que cada um joga por si, como a amarelinha e os quatro cantos, e os mais difíceis que supõem equipes (e anunciam os esportes coletivos), como barras ou o de policiais e ladrões.

Os jogos de imitação, por sua vez, dão origem aos jogos tradicionais como as cerimônias das meninas, em que se representa algum grande acontecimento, noivado, casamento, batalha. Encontram-se esses jogos, mas mais raramente entre os meninos: os autores anglo-saxões, em especial, assinalam um grande número deles, mas confessamos, de nossa parte, tê-los raramente observado (exceção: "Enfiamos a agulha").

Enfim, das cerimônias é preciso aproximar as crianças, no sentido amplo do termo. Por danças, entendemos os jogos de regulação estrita — como as cerimônias — que não supõem nenhuma imitação. Tais são as rodas, a "capuchinha", a "conchinha", o "caracol" [16] etc. Essas danças, menos complicadas em geral do que as cerimônias, podem, entre as meninas, aparecer muito cedo, desde o início da terceira infância, senão mesmo desde a escola maternal (cadeirinha de fonfon). Elas residem unicamente num comportamento perfeitamente determinado, numa regulação estrita. Mas só adquirem toda sua força entre as meninas, e no fim da infância, com suas múltiplas rodas tradicionais em que as evoluções das participantes implicam um grupo amplo e se acompanham de cantigas.

Podemos resumir tudo o que precede em relação às variações dos jogos através das idades e sua classificação no quadro adiante.

Pode-se notar que, nesse quadro, prolongamos em linha pontilhada a duração de várias espécies de jogo. Pode-se mesmo dizer que, em geral, todo novo comportamento lúdico, uma vez adquirido, persiste por muito tempo, ainda que novos comportamentos venham pressioná-lo: o jogo funcional que consiste simplesmente em correr por correr persiste ainda às vezes no início da adolescência. Com maior razão, os jogos de destruição ou os de regra arbitrária que se observam ainda no adulto.

---

16. No original "capucine", "coquillette" e "escargot", respectivamente. Vide nota 25, capítulo II. (N.T.)

JOGOS	ANOS											
	1	2	3	4	5	6	7	8	9	10	11	12 13

Jogos funcionais

— hedonísticos

— com o novo

— de destruição

— de desordem e de euforia

— figurativos

— de construção

— de regra arbitrária

— de valentia

— de competição

Danças

Cerimônias

Podemos agora passar ao terceiro problema que enumeramos anteriormente, a sucessão dos jogos ao longo das brincadeiras. Seria possível verificar, de início, qual é, em cada idade, a duração média de um jogo; já citamos, a propósito da instabilidade infantil, os resultados obtidos tanto por Bertrand e Mme. Coret quanto por Ch. Bühler. Observamos ademais que não se deve julgar mais equilibrada uma criança de 5 ou 6 anos por apresentar durações mais longas de jogo; se as durações muito curtas são sinal de instabilidade excessiva de caráter, as muito longas aparecem não raro entre crianças amorfas ou deficientes. De um lado, dificuldade de fixar sua atenção, de outro, de se desligar de um centro de interesse. Não temos qualquer estimativa da duração média de um jogo além da escola maternal; mas sabe-se que essa duração cresce gradativamente e que crianças de 10 anos podem passar um recreio de uma hora na mesma atividade lúdica, o que é comum para as de 12 ou 13 anos.

Em nossa obra *Le Jeu de l'Enfant*, apresentamos resultados de várias pesquisas relacionadas com os entusiasmos passageiros das crianças por esse ou aquele jogo. Há, com efeito, períodos mais ou menos longos de entusiasmo por um determinado jogo. Assim, numa pesquisa envolvendo meninos maiores de uma escola primária rural, observamos sucessivamente cinco períodos de jogo: amarelinha (de 24 de março a 4 de abril), bolinhas de gude (1.º-5 de abril, data das férias de Páscoa), "semelle" (22-30 de abril), jogos com areia (30 de abril a 5 de maio), "puce montante" [17] (7 a 16 de maio). De 24 de março a 16 de maio, os cinco jogos citados são praticamente os únicos relevantes; apenas se observaram algumas partidas de barras ou de cabra-cega esparsas ao longo dos períodos, como tentativas não realizadas. Às vezes um jogo aparece em várias retomadas, em vários períodos, durante o ano escolar. Parece que a criança tem tendência — sobretudo as maiores — a se fixar num jogo predileto; mas ela se cansa dele ao fim de alguns dias e tenta substituí-lo por outro, não sem hesitações e sem voltar atrás. Além disso, os períodos de jogo nos parecem mais nítidos entre os meninos; entre as meninas, eles são mais dispersos, frouxos e curtos, como se elas se cansassem mais depressa. Mas a existência de períodos de jogo atesta uma certa preguiça inventiva e aquele conservantismo latente na criança, de que já falamos em várias passagens.

Um problema próximo do precedente é o da distribuição dos jogos através do ano. Acredita-se facilmente que cada jogo tenha seu período preferido. "Em março, a amarelinha..." diz um poema de Marie Gevers, e tem-se mesmo tentado às vezes estabelecer cronologias de jogos. Mas aqui, constatações empíricas não bastam, somos tentados a procurar uma regularidade onde ela não existe, e a pensar preferencialmente nos casos positivos, abandonando ou nem observando os negativos. Também nesse caso apelamos para as pesquisas. Em especial, pudemos realizar uma pesquisa bastante abrangente (no Norte e na Gironda) sobre o jogo da amarelinha numa dezena de escolas. Fomos então levados a constatar que não se podia propriamente afirmar a existência de uma cronologia desse jogo: ele é praticado na primavera, tanto em março quanto em abril, em maio e até em junho. Tudo o que se pode dizer, parece-nos, é que começa a ser praticado somente quando a temperatura e sobretudo as condições dos pátios o permitem; nesse caso, a condição do solo é que é restritiva. Pode-se — constatamos isso — brincar de amarelinha tanto em outubro, novembro ou dezembro quanto em fevereiro ou março, contanto que o solo o permita. Como diz de suas

---

17. Se já não tínhamos conseguido informações sobre a "puce" que traduzimos por "pulga", literalmente, mais difícil ainda se torna saber o que é "puce montante", talvez "pulga que sobe", talvez significando o mesmo jogo, porém, numa variação em que a semente a ser lançada e o recipiente que deverá recebê-la estejam em planos diferentes, devendo a primeira realizar um percurso ascendente para alcançar o segundo, o que deve ser mais difícil do que a simples "puce". (N.T.)

115

alunas uma de nossas correspondentes: "Desde que o pátio esteja bem seco, elas brincam de amarelinha." Outros detalhes de jogos praticados nos pátios de escolas durante o ano nos permitem fazer afirmações análogas a respeito de outros jogos, bolinhas de gude e piões, por exemplo. Um quadro cronológico de jogos tem, portanto, um valor muito restrito. Os únicos jogos que podem inscrever-se nesse quadro com precisão são aqueles em que a criança imita atividades adultas regulares, como as festas: brinca-se de máscara na época de carnaval. Outros jogos dependentes do clima podem também ter uma localização, ainda que mais imprecisa. Tais são os jogos que dependem da fauna e da flora: assovios de freixo, jogos com besouros ou com castanhas da Índia. O mesmo se dá com imitações referentes a atividades adultas reguladas pelas estações: "battaison",[18] caça, lavoura. E se considerarmos que, afinal de contas, as grandes festas humanas são também reguladas pelas estações, o Natal correspondendo por exemplo ao solstício de inverno, como o São João ao solstício de verão,[19] é preciso reconhecer que os únicos jogos que podem figurar num quadro cronológico são os que dependem — direta ou indiretamente — dos grandes ritmos naturais. Não se pode fixar uma época para a amarelinha ou para as bolinhas de gude já que são ligados a esses ritmos sazonais. Ora, se a ligação existe, ela é muito frouxa para a amarelinha como vimos; mais ainda para as bolinhas de gude; as crianças podem ficar quase imóveis, jogando bolinhas, no inverno, na lama, tanto quanto durante um dia quente. Resumindo, digamos que o clima favorece a localização de certos jogos em certas épocas; os outros se encaixam como podem no calendário.

Chegamos agora ao quarto aspecto sob o qual se pode encarar a evolução dos jogos: este nos revela a evolução das tendências primitivas e a sucessão dos esquemas pelos quais elas se exprimem. Pode-se, de fato, considerar que há uma verdadeira genealogia dos jogos, cujas linhas gerais já esboçamos ao classificá-los. Se os jogos de valentia dão origem aos de competição coletiva, é que a tendência infantil de se afirmar adapta-se a um molde social no despertar da quarta infância; a passagem dos jogos de imitação individual às cerimônias do fim da infância atestam um mesmo processo de socialização, no caso das tendências imitativas. O estudo dos jogos nos permite assim apreender a sucessão dos interesses infantis.

Mas pode-se ir mais longe e tentar estabelecer a genealogia de um ou outro jogo em especial. É claro que o jogo de damas é como uma introdução ao de xadrez, e que a simples fila precede logica-

---

18. Vide nota 11, capítulo I. (N.T.)
19. Para nós é exatamente o contrário, o Natal correspondendo ao solstício de verão, e o São João ao de inverno.

mente a caravana. Podem-se assim estabelecer séries de jogos: caminhada, corrida, perseguição, pulga, "épervier", jogo do lobo. Cada série permite seguir a evolução de uma tendência particular e ver como, combinando-se com outras, ela dá origem a formas mais complexas e precisas. Ao mesmo tempo pode-se, para cada idade, estabelecer famílias de jogos, resultantes da intervenção nova de uma tendência que emerge nas formas lúdicas anteriores. Em sua aparição, cada tendência nova — e cada esquema novo — tem propensão a anexar os domínios de tendências já constituídas. É assim que a estrutura circular do grupo interfere igualmente em jogos tão diferentes quanto o gato e o rato, a cabra-cega ou as rodas; e a maneira de fazer o círculo dando-se as mãos e se puxando para trás é comum a todos esses jogos. Constituindo assim séries e famílias de jogos, é possível esclarecer os temas e as estruturas essenciais do comportamento lúdico.

Há aí, além do mais, um meio de trazer à luz as tendências fundamentais e primitivas da natureza humana. Toda tendência primitiva deve, com efeito, dar origem, pelo seu próprio exercício, de início a jogos funcionais e, na maioria dos casos, a jogos mais complexos. Seria preciso, é verdade, fazer uma exceção em favor de certas tendências a que correspondem funções puramente vegetativas: respiração, excreção, digestão; se essas funções dão, de fato, origem a certos jogos, estes são bem posteriores à sua emergência; na verdade, estas devem aparecer muito cedo, e quase totalmente constituídas; não necessitam de um exercício funcional de caráter lúdico para sua constituição. Mas, deixando de lado esses casos excepcionais, é possível contar com o estudo detalhado dos jogos para construir um quadro das tendências originais.

Toda tendência que só dá lugar a jogos em certos países ou em certas épocas não pode ser primitiva. Seria possível então (observadas as ressalvas precedentes) enumerar as tendências primitivas, enumerando os jogos universais. Esses jogos são mais freqüentes do que se pode crer. Fica-se surpreso, consultando as pesquisas feitas pelos etnólogos sobre jogos de crianças de povoados atrasados, de ver como são comuns àquelas crianças e às nossas. "Nada", escreve Dudley Kidd, "faz um europeu sentir melhor seu parentesco com os Cafres do que a observação dos jogos de suas crianças. Quase todos os jogos praticados na Europa e que não exigem aparato especial são conhecidos pelos Cafres".[20]

Sobre esse ponto, reconhecemos que poucas pesquisas já foram feitas. Podemos citar trabalhos como os de Menaker, Sack e Danziger que tentaram determinar as idades em que aparecem comportamentos

---

20. Citado por Hirn, *ibid.*, p. 53.

esportivos bem definidos, da patinação ao esqui, mas tratam-se de atividades já bem complexas. Por outro lado, as pesquisas sobre os jogos de diversos povos infantis são ainda muito reduzidas. É, portanto, difícil para nós precisar com toda certeza a maneira pela qual surge e evolui cada uma das tendências em jogo na atividade lúdica. Tudo o que se pode, é, como aliás fizemos, esboçar séries e famílias ainda mais ou menos hipotéticas.

A evolução das tendências através das atividades lúdicas é orientada. O jogo não se basta a si mesmo, mas tende a atividades mais altas, que ele prepara, aperfeiçoando e desenvolvendo as tendências fundamentais. O jogo, atividade construtora das tendências, é como a propedêutica das atividades superiores. Facilmente somos tentados a crer que o jogo pode evitar o surgimento dessas atividades. Muito ao contrário, sem ele, elas não poderiam surgir. As crianças especialmente dotadas não são, de forma alguma, aquelas cujas faculdades se dirigem mais depressa às atividades adultas, aquelas que substituem o jogo pelo trabalho. Na ampla pesquisa que fez sobre crianças bem-dotadas, Terman mostra que estas não são absolutamente inferiores às crianças médias no que concerne aos jogos. Se se estima em 100 o conhecimento médio que uma criança tem dos jogos, o conhecimento médio das bem-dotadas atinge 136, isto é, uma criança bem-dotada de 10 anos tem, dos jogos, o mesmo conhecimento que tem uma criança média de 13 anos (além disso, o apelo do mais velho é mais intenso; "os bem-dotados tendem a preferir companheiros de jogos mais velhos do que eles" e "preferem os jogos praticados em geral pelas crianças mais velhas").

Mas esse vestíbulo que é o jogo dá passagem por várias portas. Ou antes, as diversas espécies de jogo podem levar a atividades diversas. Os jogos de competição levam ao esporte. Mas entre jogo e esporte há diferenças notáveis. O jogo, dissemos em nossa introdução, é uma prova; mas a prova é momentânea. Assim, ele não admite nenhum treinamento. A criança que brinca/joga pode preparar de fato seus músculos para tarefas futuras, ela nada sabe ou, pelo menos, não se preocupa absolutamente com isso. O jogo vale no momento, não tem pretensões maiores; ele testemunha por isso essa incapacidade da criança de encarar seriamente, realmente, todo o curso do tempo que pesquisas de outro gênero têm divulgado. Ao contrário, o esporte é essencialmente uma preparação; por si mesmo, quando encarado na sua pureza, ele não tem nenhuma finalidade, seu fim é a tarefa futura, qualquer que ela seja, caça, guerra, profissão, pouco importa; seu fim é ainda o equilíbrio e o vigor do corpo futuro. Fazer esporte é preparar um excelente instrumento de trabalho para o futuro num corpo flexível e forte. Desde que a competição surge, o esporte desce a um nível inferior; ele se faz jogo, prova. O que não quer dizer que a competição prejudique necessariamente ao esporte, como pretenderam alguns; talvez deva haver sempre na atividade esportiva um elemento lúdico para que ela se desenvolva plenamente. Mas o espírito novo que o esporte traz à atividade lúdica é aquele que se mostra no treinamento e não na competição. Pelo treinamento, o esporte toca a vida adulta, as coisas sérias, o trabalho; pela competição, ele nos mergulha de novo na infância. Mas não é, às vezes, necessário reencontrar o entusiasmo e a combatividade da infância?

As danças, os jogos de modelagem, de desenho, os jogos com areia, com faca, levam a atividades artísticas. Sabemos que entre a atitude lúdica e a atitude estética, a diferença é às vezes muito sutil. Faz-se poesia por brincadeira de início; somente depois é que se faz por ofício. E na arte, fica sempre uma parte de jogo. O inovador aí joga com o novo e se encanta de ter sido o primeiro a usar tal discordância ou tal métrica. O romance continua a história com que nossas crianças se contentam. O artista sempre tenta se expressar por sua obra como a criança por seu jogo/brinquedo; pouco importa que ele queira exprimir seu ser íntimo ou seu gênio, é sempre seu estilo que se encontra em seu drama ou em sua tela, como a criança quer, na sua atividade lúdica, colocar sua marca em seus gestos e no mundo. À arte, como ao jogo, vai-se com toda a alma.

Mas, como o esporte, a arte demanda técnica e treinamento. Há obstinação no artista. E, não raro, um escrúpulo infinito. A arte é ligada ao tempo, e cada obra é uma etapa num progresso em busca de uma realização superior do gênio. É difícil imaginar um artista que não estivesse convencido de que seu estilo se aprimore, que seu pensamento se aprofunde. A arte supõe sempre uma busca de efeitos novos, de perfeições novas. O artista não se satisfaz facilmente, como a criança, ele sabe às vezes seus defeitos, raramente está satisfeito; acontece até, como Da Vinci, que raramente assine suas obras. Há no artista uma incompletude que a criança ignora; raramente um de nossos pequenos demonstra humildade, em geral cada um é orgulhoso de sua obra, o jogo é otimista. A arte apresenta, ao contrário, no grande artista um ar de pessimismo, por essa eterna dúvida de si. Mas, igualmente, ele conserva e amplia o orgulho infantil: mesmo que eu não esteja satisfeito com essa tela, com esse poema, sei que posso fazer melhor, que trago em mim outra coisa além desses esboços; se não, não tenho alma artista.

Daí uma outra diferença. O artista trabalha para os outros mais do que para si. Não escrevemos poemas para guardá-los na gaveta; e, se os guardamos é porque acreditamos chegar a produzir coisa melhor. O artista fica preso à sociedade; ele trabalha para o ouvinte, para o espectador, para o leitor. Como afirma Valéry, na arte é preciso levar em conta a influência do futuro espectador tanto quanto a do autor. A obra de arte não é apenas uma expressão, é uma declaração, um manifesto; ela não é feita somente por, ela é feita para. E sem dúvida encontra-se já o esboço dessa atitude no espírito da criança que joga/brinca para o público. Mas, além de a criança solitária erguer seus castelos de areia para si mesma, para sua própria satisfação, ela apenas considera um público restrito e presente. Sua ambição fica limitada a um espaço e a um tempo. Enfim, o artista deixa sua obra e uma obra duradoura. O jogo não deixa nenhuma obra; quando muito, pode dar origem nas atividades de construção a alguma cabana ou trincheira efêmeras; a criança não pode fazer obra durável, pois trabalha unicamente para si, e, por conseguinte, opera fora da sociedade adulta cuja ajuda seria indispensável para que sua obra fosse durável. Mas o artista, mesmo na sua torre de marfim, continua homem de seu século; pensando no espectador futuro, ele constrói para a sociedade. Não apenas para a sociedade presente, mas para as gerações vindouras. Da mesma forma, ele não pode plasmar uma obra passageira; e, se trabalha para a sociedade, trabalha também graças a ela, que lhe fornece os meios de concretizar sua arte. Assim, na arte há trabalho.

Acrescentemos a essas considerações que, historicamente, a espécie humana sem dúvida passou da atividade lúdica à atividade estética. Pode-se ver, com Alain, na dança, a primeira das artes, de onde saíram entre outras, o canto, o drama, a música e a poesia. Mas a dança primitiva é uma dança imitativa, como as cerimônias de nossas meninas. Antes de constituir uma manifestação artística, a dança foi sem dúvida uma brincadeira. Pois a infância, mesmo primitiva, descobre por si mesma a dança coletiva — pode-se às vezes constatar várias dessas danças até entre os pequenos da escola maternal. Essa tese da origem lúdica do jogo é, aliás, após Schiler e Spencer, amplamente admitida.

Mas o que se apresenta menos reconhecido, é que a religião, pelo menos o culto religioso, tenha sem dúvida também nesse jogo coletivo, a um só tempo jogo e arte, dança e imitação, sua verdadeira origem. Convém, com efeito, juntar as duas teses de Schiller: a arte nasce do jogo, e de Hegel: a religião é uma reflexão sobre a arte; o que nos leva a ver no jogo a origem indireta da religião. Mas é preciso, acreditamos, ir mais longe ainda e ver no interior do próprio jogo os primeiros esboços do culto.

As cerimônias religiosas mais primitivas aparecem como imitações. Essas imitações apresentam um caráter mágico inegável. Mas esse caráter mágico foi acrescentado à imitação ou a imitação foi realizada na origem com fim mágico? Quando se questionam os primitivos sobre sua razão de ser, eles respondem que se faz essa ou aquela cerimônia, que se submete a esse ou àquele rito "porque os ancestrais assim o prescreveram. As conseqüências desejadas das cerimônias só vêm em segundo plano... É para eles uma espécie de imperativo categórico". [21] Se o primitivo imita esse ou aquele animal, adotando seu comportamento, é sem dúvida abusivo ver nisso mais do que uma intenção mágica. É preciso remontar aos comportamentos dos antepassados. Mas por que os antepassados imitavam?

Lévy-Bruhl assinala, aliás, o papel mágico dos jogos de toda espécie.[22] E é sem dúvida por aí que se deve pesquisar. Já na criança, o jogo pode às vezes adquirir um caráter mágico: "Se eu conseguir fincar minha faca nessa árvore, não serei punido." É sem dúvida esse caráter mágico do jogo, mesmo na criança, que pôde, desenvolvendo-se, graças à ação de causas alheias (que não nos interessam aqui), dar origem a práticas e ritos mágicos.

Mas a magia não é ainda religião, se bem que provavelmente uma de suas fontes. E no próprio jogo encontramos muitos outros aspectos que lembram — ou antes anunciam — a religião. As regras do jogo vêm "dos antepassados", dos antigos, como os ritos religiosos e mágicos. Como eles, elas se impõem por um verdadeiro imperativo categórico. "Conformam-se essas regras aos costumes tradicionais e seu cerimonial é invariável. Jamais passaria pela cabeça de alguém introduzir nele a menor mudança"; essas palavras de Lévy-Bruhl poderiam se aplicar tanto às cerimônias de nossas meninas quanto às dos primitivos.

Até aqui trata-se apenas do rito. Mas o dogma também aparece no jogo infantil. Aparece em primeiro lugar através desse culto do Pai e dos Mais Velhos sobre o que já insistimos longamente. E o Pai não aparece, sob uma forma mais ou menos dissimulada, na maioria das religiões? O culto dos "'antigos" não é suficiente para constituir certas crenças, por exemplo, na China? Se a criança não pode sistematizar essas tendências para fazer delas um sistema religioso, só é possível acusar disso a fraqueza de suas capacidades de construção mental, e a dificuldade que faz sempre pesar sobre uma atividade como essa a presença próxima do adulto zombeteiro. Entretanto, em certos casos particularmente favoráveis, pode-se constatar a existência de construções lúdicas curiosas; são as histórias continuadas que, enriquecidas ano a ano no interior de um círculo de irmãos e irmãs, vêm a constituir verdadeiros mitos monstruosos. Folsom nos conta o desenvolvimento de um desses mitos durante longos anos. Por esse lado mítico o jogo liga-se, a um tempo, à mitologia primitiva e ao sonho (do qual Lévy-Bruhl aproxima os mitos). Mas, no meio infantil, tais fantasias não podem se prolongar, porque, nascidas num grupo limitado de crianças, desaparecem quando

---

21. Lévy-Bruhl, *La Mythologie Primitive*, pp. 123-124
22. *L'Experience Mystique*, pp. 55 e segs.

atingem a idade adulta. Suponhamos que tais fantasias se desenvolvam, não mais no meio restrito de irmãos e irmãs, mas num grupo de adultos, elas poderão sem dúvida, persistindo através de gerações pelo efeito da toda-poderosa autoridade dos antepassados, tornar-se a partir daí um autêntico mito. Que, além do mais, elas se apóiam num comportamento imitativo apropriado — e anterior — e temos aí já o essencial de certas religiões primitivas.

Mas deixemos essas hipóteses e passemos a terreno mais sólido. Há outros jogos que levam à atividade científica. Não se pode, é verdade, aproximar facilmente a atitude lúdica da científica. O jogo se volta em direção ao *eu*, ao invés de se dirigir ao objeto, como faz a ciência; temos aí duas espécies de atividade que atuam em sentido contrário. Os jogos que às vezes chamamos de objetivos, jogos de exploração, de manipulação ou de experimentação, não devem nos enganar: o que a criança procura aí é menos uma verdade do que um sucesso pessoal. A curiosidade que o jogo manifesta é uma curiosidade de si. A criança só chega muito lentamente, e por outras vias, à pesquisa objetiva. Se a ciência procede do jogo, é portanto de uma maneira muito indireta, como todo conhecimento desinteressado provém afinal de contas do jogo, por intermédio da arte ou da religião.

É tanto mais interessante registrar as contribuições da atividade lúdica à ciência. Em primeiro lugar, o jogo contribui para desenvolver o espírito construtivo, a imaginação, e mesmo a faculdade de sistematizar (por exemplo, em jogos como o de damas ou os matemáticos); além disso, ele leva ao trabalho, sem o que não haveria ciência nem arte. Mas também, pode ajudar mais diretamente a ciência, enquanto técnica especial. Há invenções científicas inspiradas em jogos de crianças. A pólvora, de início, serviu para fazer jogos de artifício e a agulha imantada foi um brinquedo entre os chineses. O giroscópio é uma adaptação do pião. O papagaio inspirou os aviadores (a aviação não foi inicialmente um esporte?), e já Franklin se serviu dele para estudar a eletricidade atmosférica. Foi o jogo que levou à invenção da bicicleta. As primeiras descobertas no campo da eletricidade vieram de verdadeiros jogos. Mesmo os matemáticos, às vezes, começaram com jogos: foi questionando De Méré sobre suas possibilidades de ganho no gamão que Pascal estabeleceu as bases do cálculo das probabilidades; os jogos de xadrez fizeram surgir problemas matemáticos; e a topologia se inspirou, no seu início, nos jogos de ordem como os labirintos.

Não subestimemos, pois, a importância do jogo de nossas crianças. Não apenas ele é para elas um exercício de todas as faculdades, mas foi — e continua sendo — uma rica fonte de atividades superiores. Arte, religião, esporte, a própria ciência, todos esses riachos tiram do jogo a sua água, todos têm uma origem comum. É através do jogo

122

que começa o pensamento propriamente humano, é fingindo pegar um objeto ou ter que, pela primeira vez, o homenzinho se desliga do ambiente para "se representar" situações, atividades, seres ausentes. Com o jogo, o homem começa; antes, havia apenas atividades práticas ou funcionais, nenhuma atividade gratuita e teórica. É no jogo que contemplamos, que projetamos, que construímos. A fonte pode parecer na origem bem pouco abundante, muito tênue; é, entretanto, pelo jogo que a humanidade se insinua por toda parte, e é pelo jogo que essa humanidade se desenvolve.

CONCLUSÃO

PAPEL PEDAGÓGICO DO JOGO

Há uma outra atividade superior que propositadamente silenciamos até agora e que, também ela, nasce do jogo: é o trabalho, sem o que nem a arte, nem a ciência, nem mesmo o esporte poderiam se desenvolver. Que o jogo pudesse conduzir ao trabalho, eis uma idéia que ficou muito tempo obscura. Entretanto, há alguns decênios, os pedagogos da escola nova a têm sublinhado e utilizado. Claparède, em especial, por várias ocasiões insistiu na ligação entre jogo e trabalho, e na utilização pedagógica daquele. Mas, nessa utilização pedagógica é preciso tomar cuidado. Se não se vê no jogo um encaminhamento para o trabalho, uma ponte lançada da infância à idade madura, arrisca-se a reduzi-lo a um simples divertimento, e a rebaixar ao mesmo tempo a educação e a criança, desprezando essa parte de orgulho e de grandeza humana que dá seu caráter próprio ao jogo humano. Parece-nos então necessário, para concluir este estudo, precisar bem as relações mútuas entre jogo e trabalho.

Entre os psicólogos, Groos foi o primeiro a insistir no papel do jogo como pré-exercício (*Les Jeux des Hommes*, 1899). É muito claro que o jogo exercita não apenas os músculos, mas a inteligência; dá flexibilidade e vigor, mas, igualmente, proporciona esse domínio de si sem o que pode-se ser humano sem que se seja, de fato, homem. Ele educa mesmo os sentimentos; há jogos para não se ter medo, e os que consistem em imitar os grandes sentimentos da vida humana (cerimônias das meninas). Não é necessário insistir nesse papel do jogo como pré-exercício.

Mas há outros pontos sobre o que parece-nos que os psicólogos têm sido muito discretos. De início, o esforço do jogo. Jogar é, quase sempre, dar-se uma tarefa a cumprir, é cansar-se, e se esforçar para cumpri-la. O jogo é prova, repetimos sempre; e, porque é prova, é necessário que seja como um programa da prova a se submeter: brincar de lançar o dardo, ou de construir um castelo de areia, é se dar uma tarefa. Pode ser que a tarefa consista unicamente em ganhar, em bater a equipe adversária; mas ela conserva ainda muito das características de uma tarefa. Ela se impõe como um trabalho. Se

124

brinco de barras, *devo* ganhar, ou pelo menos fazer todo o possível para ganhar. Se brinco de empilhar cubos, minha construção *deve* apresentar um aspecto harmonioso. O programa que o jogo apresenta é um programa imperativo. Há no jogo infantil qualquer coisa que lembra — ou anuncia — essa obrigação moral que Kant nos apresenta. O programa, pelo fato de eu tê-lo escolhido, tê-lo colocado diante de mim, decidindo brincar de barras ou de empilhar cubos, é um programa que tem valor. Escolher um jogo é se dar um trabalho, eu diria quase um dever. Ch. Buhler afirma: "A criança que constrói alguma coisa com material aprende a aceitar e a concluir um dever." [1] E admiramos, de passagem, a bela ambigüidade dessa palavra dever. Um dever é uma tarefa escolar, mas é também uma tarefa moral. Ora, o jogo/brincadeira nos dá um e outro, pelo valor que confere ao alvo fixado. Há no jogo um aprendizado da moral.

Os fins do jogo ficam, sem dúvida, arbitrários, sobretudo na primeira idade, mas são fins que, pela escolha, emergem dos fins possíveis da atividade. É preciso cumpri-los e cumpri-los bem. Fazer bem o que se faz, dirá o adulto. Mas há mais. Quando a criança participa do grupo dos grandes, na sociedade infantil, esses fins se lhe impõem como vindos de fora. Aceitando participar do grupo de jogo, a criança aceita um certo código lúdico, como por um contrato social implícito. "Quem joga, jurou", diz Alain, e essa palavra penetra melhor a natureza profunda do jogo do que os volumosos estudos de um Groos (e de muitos outros). O jogo é um juramento feito primeiro a si mesmo, depois aos outros, de respeitar certas instruções, certas regras. Essa fórmula é essa e não outra, aquela contém tais palavras e não outras, nada posso fazer, já que jurei respeitar fórmulas e regras. Poucas vezes a moralidade adulta estará tão elevada; ela não será mais do que uma moralidade de instrução.

Essa instrução e esse dever têm de ser cumpridos. E o jogo é um esforço para se chegar a isso. Tem-se muitas vezes chamado a atenção para o caráter penoso do jogo. Vimos que chega-se até ao ascetismo. O jogo, repitamos (e nunca se repetirá o bastante), não é um mero divertimento. Na criança que brinca há um herói que dorme, e que às vezes se descobre um instante. O jogo é muitas vezes fatigante, às vezes esgota. Mas é essa fadiga, esse esgotamento que provam seu valor. Jogos muito fáceis não têm nenhum encanto, é por isso que a criança grande despreza o brinquedo de massa de areia. Bem longe de nascer da preguiça, o jogo nasce da vontade. Como o verdadeiro esportista demanda um adversário à sua altura, a criança quer um jogo também à sua altura; e freqüentemente é até ambiciosa, e deseja praticar os jogos dos mais velhos para o que não

---

1. *From Birth to Maturity*, p. 118.

está ainda capacitada. Não é pois pelo esforço que se pode distinguir jogo e trabalho. Há jogos muito mais cansativos do que certos trabalhos.

Um outro aspecto pelo qual o jogo prepara para o trabalho, é que ele é introdutório ao grupo social. Para o grande, jogar é cumprir uma função, ter um lugar na equipe; o jogo, como o trabalho, é, por conseguinte, social. Por ele, a criança toma contato com as outras, se habitua a considerar o ponto de vista de outrem, e sair de seu egocentrismo original. O jogo é atividade de grupo.

Compreende-se então que certos jogos infantis acabem em trabalhos reais, e que os educadores tentem utilizá-lo como meio de educação. Há jogos, como a comidinha, a marcenaria, o mecânico, que acabam em trabalhos reais. Tricotar, jardinagem, são, de início, jogos. Mas não se deve contar com esses jogos de trabalho, imitações de atividades laboriosas do adulto; eles são muito pouco numerosos, e quase sempre são jogos solitários. Em compensação, o jogo ensina o que é uma tarefa: "uma análise do trabalho nas primeiras classes de escolas elementares de Viena demonstrou que 80% das crianças do primeiro ano fracassam porque ainda não desenvolveram a atitude de trabalho em seus jogos antes de entrar para a escola".[2]

O uso, nas escolas maternais, dos jogos educativos se justifica então pela necessidade em que se encontra a criança de aprender logo o que é uma tarefa. Ordenar cores, classificar etiquetas, dar laços, empilhar cubos, são igualmente tarefas e jogos. Por meio delas, a criança aprende a fixar sua atenção, a dominar sua instabilidade natural, a se esforçar enfim. Seria, de fato, impossível exigir de uma criança de 4 ou 5 anos um trabalho contínuo; tal exigência não pode ser feita antes que o sentido da tarefa seja completado. O jogo é o vestíbulo natural do trabalho.

Mas tem-se pretendido ir mais longe, e substituir muitas atividades escolares laboriosas por jogos apropriados, e aí o problema se torna mais complexo. Não se cometeu erro acusando a escola antiga de não se preocupar com os interesses do aluno, estigmatizando "a escola de braços cruzados" com Mme. Montessori, cobrando com Claparède uma educação que apresente um atrativo ("a educação atraente" de que Claparède falava de início), querendo que se observem as diferenças individuais pela instituição de uma escola sob medida (Claparède, 1901). Tudo isso é correto. Reconheçamos, depois de muitos outros, a escola deve preparar para a vida substituindo o trabalho imposto pelo desenvolvimento ativo da personalidade infantil.

---

2. Ch. Buhler, *ibid.*, p. 119.

Entretanto, desconfiemos das interpretações abusivas que muitas vezes foram dadas a essas fórmulas. Quando Mme. Montessori cria seu material especializado para escolas maternais, só se pode aprová-la; e o sucesso desse material (e de materiais análogos) atesta a exatidão de suas concepções. Mas, quando ela quer estender esse método às crianças mais velhas, o resultado é mais discutível; quando quer suprimir toda reprimenda e toda recompensa, raramente conquista a aprovação completa dos professores. Quando Decroly apela para os jogos educativos, e confia à criança tarefas em sua fazenda, os resultados podem ser excelentes, mas pode-se perguntar se são realmente jogos, ou trabalhos: a criança cuida regularmente dos coelhos, aumenta diariamente as coleções, como se isso fosse sua profissão.

Além disso, com muita freqüência se tem pensado que a escola deve, como o jogo, ser atraente, e tem-se enganado quanto ao significado desse termo. Claparède, que primeiro o usou, logo o abandonou: "educação funcional, diremos, e não educação atraente. Pois se toda educação funcional tem um atrativo, já que é fundada no desejo, nem tudo o que tem atrativo tem necessariamente valor educativo".[3] A busca do atrativo é muito perigosa. Parte-se desse princípio correto — que os jogos atestam — de que a criança só fez bem aquilo que faz com prazer, como, aliás, o adulto também. Princípio excelente, mas muito abrangente. Inspirando-se nele sem precisar o gênero de atrativo, não se apóia mais nem mesmo no jogo, já que há outros atrativos além do lúdico, o das guloseimas por exemplo. O atrativo do jogo é especial, é superior. Daí, graves erros pedagógicos. Correndo o risco de escandalizar, daremos como exemplo disso o abuso que alguns fazem às vezes do cinema. Olhar simplesmente imagens numa tela não requer grande esforço; há aí uma operação muito mal colocada num conjunto de "métodos ativos", operação cujo nível mental é, ordinariamente, muito inferior ao do jogo.[4] Lembremo-nos de que só possuímos o que ganhamos com esforço; imagens passageiras, a despeito de seu caráter concreto, esfumam-se depressa. Ficam alguns detalhes (e nem sempre os mais importantes), mas o todo da visão desaparece logo. O que não foi gravado profundamente na memória fica sem força; e, o caráter concreto e vivo das imagens não pode, nesse particular, substituir completamente outros auxiliares da memória.

---

3. *L'Éducation Fonctionnelle*, p. 9.
4. Evidentemente, não se trata de condenar aqui os métodos audiovisuais cuja importância pedagógica é inegável, mas de lembrar quanto é delicada sua utilização. O simples diapositivo costuma ser mais eficaz que o filme, como mostraram certas pesquisas; tudo depende do papel que se atribui ao recurso audiovisual, da idade dos alunos, das aulas previstas e de múltiplos fatores cujos papéis respectivos só um estudo científico pode precisar.

Mas o caso do cinema não é isolado. Muitos procedimentos de métodos novos só apelam para um atrativo inferior e não lúdico. Se é incorreto ensinar a nossas crianças o latim como uma cadeia de tarefas desagradáveis, será *eficaz* querer suprimir todo esforço na sua aprendizagem? Não será possível inventar, mesmo nesse estudo considerado rebarbativo, procedimentos que façam nascer o *esforço*, sem suprimir o *atrativo*? Eles não faltam, e aqueles que procuram, no ensino de latim, dar à sua aula mais vida e menos tristeza, os conhecem muito mais do que se pode imaginar. Há jogos do latim, tão difíceis — e tão apaixonantes — quanto as adivinhações. Mas nunca se aprenderá latim como se degustam guloseimas.

Quem diz jogo, diz ao mesmo tempo esforço e liberdade, e uma educação pelo jogo deve ser fonte de dificuldade física da mesma maneira que alegria moral. Repetimos ao longo desta obra, jogar é buscar um prazer moral. É esse prazer moral que devemos transpor para a nossa educação, se queremos calcá-la na atividade espontânea do jogo. Por isso, é preciso apresentar à criança obstáculos a transpor, e obstáculos que ela queira transpor. Na falta deles, a educação perderá todo seu sabor, não será mais do que alimento insípido e indigesto. Se a escola antiga, com freqüência, abusou do castigo físico e moral, nem sempre procuremos suprimi-los ao mesmo tempo; não esqueçamos o que nos ensina o jogo de nossos filhos: a verdadeira alegria, a alegria humana, é aquela que se obtém num triunfo sobre si, num domínio de si; que esse triunfo, esse domínio possam às vezes se acompanhar de incômodos físicos, de fadiga, é preciso reconhecê-lo. E aceitá-lo. Sem chegar, todavia, a crer que a dificuldade seja sempre necessária, o que seria cair num outro extremo: podem-se alcançar vitórias esportivas sem esgotamento, e são as mais belas. O esforço nem sempre é doloroso.

Há um outro ensinamento vindo do jogo de que aqueles que dele reclamam sempre se esquecem. É que o estímulo é positivo. Depois de Mme. Montessori, sempre se quis suprimir todo estímulo, e, por conseguinte, toda recompensa, até o elogio às crianças da escola maternal. "Jamais se deve apontar uma criança como exemplo para outras, diz Stekel... nunca se deve elogiar ou censurar uma criança em detrimento de outra... Esses modelos inacessíveis podem despertar na criança um sentimento de inferioridade que se revelará futuramente como um obstáculo ao desenvolvimento de suas faculdades e a tornará inapta à luta pela existência." [5] Reconheçamos, em primeiro lugar, que é preciso prudência no uso de comparações; é perigoso humilhar certas crianças particularmente orgulhosas com o mérito de outras, mas da mesma forma, sabe-se como às vezes tais

---

5. *Lettres à Une Mère*, p. 84.

comparações podem ser úteis. A criança não fica necessariamente marcada por um complexo de inferioridade porque se mostrou inferior num jogo competitivo, porque perdeu uma partida de barras ou porque ficou atrás numa corrida. Muito ao contrário, ela pensa sempre que terá uma compensação, uma desforra. Essa índole flexível da infância é mais firme do que se pensa; ela sabe reagir na hora com vigor. E depois, não esqueçamos aquele otimismo inato que, salvo casos excepcionais, alimenta na criança uma inabalável confiança em si. Uma comparação sensata, um estímulo sadio só podem dar mais força a uma criança normal. Basta saber, segundo os temperamentos, variar e apropriar os diversos graus de comparação e de estímulo; aí é a "percepção da criança" que interfere, e não se pode substituí-la. Como os jogos de nossos filhos são jogos de estímulo em grande parte, sobretudo entre os meninos, que seus estudos sejam também às vezes competições em que se verão correr corredores bastante próximos uns dos outros para que a possibilidade de uma desforra jamais seja excluída. O que é perigoso, é enfatizar as discrepâncias por muitas distâncias entre as crianças; que uma criança de 14 anos possa sentir-se como que aniquilada pelo fato de estar numa classe, em sua maioria, de crianças de 10 ou 11 anos, é fato muito conhecido; que ela seja transferida para uma classe especial, eis o único remédio. Também em seus jogos, as crianças não se agrupam de acordo com suas capacidades?

Como já dissemos, os pequenos gostam de brincar com os grandes. Mas, em tal companhia, mesmo que se mostrem inferiores, não se sentem, absolutamente, diminuídos, pois se sabem pequenos, esperam de seu crescimento esse poder que vêem nos grandes. E há aí uma tendência muito importante na criança, já que é o motor essencial da atividade lúdica, para que o pedagogo possa desprezá-la. Tornar-se grande, fazer como os grandes, é o sonho de toda criança. A companhia dos grandes a engrandece; ela mesma reclama essa companhia, em geral, solicita o concurso dos grandes, seus conselhos, aprende deles as regras dos jogos e lhes obedece docilmente.

E, quando a timidez inicial é superada, a criança espera do adulto a mesma coisa que do grande. Se a interferência do adulto é mais delicada em certos períodos (em especial durante a terceira infância, de 7 a 10 anos, aproximadamente), ela é não só desejada, mas ardentemente desejada. É preciso apenas conseguir quebrar essa camada de timidez que dá à criança a consciência de sua pequenez. Um professor dominador não pode conseguir isso e precisa agir por imposição e severidade; mas um outro que saiba adivinhar a alma infantil, e trazer à luz seus desejos mais secretos, ganha rápido a confiança dos pequenos, e lhes oferece essa presença adulta que, embora temida, é desejada no fundo de seu coração mais do que tudo no mundo. Sabe-se o que pode sobre a alma infantil a força

129

terna e compreensiva de uma professora da escola maternal digna desse belo nome; sabe-se também qual pode ser, no fim da adolescência, a influência de um professor a um tempo amado e respeitado. Nessas idades é mais fácil entrar em contato com o aluno, mas isso não quer dizer que seja impossível noutras idades. Sem esse contato, a criança fica isolada na sua pequenez; o professor lhe parece muito distante, jupiteriano, dominador. Ele não apresenta mais esse ideal próximo que se quer realizar, mas um sonho (às vezes desagradável); o apelo do mais velho perde então sua força. Ora, é esse apelo do mais velho (do adulto mais precisamente aqui) que pode dar vida a todo o ensino.

Vê-se por aí que erro cometem os que querem, esquecendo-se da lição que nos dão os jogos infantis, que a criança se desenvolva sozinha, como um germe se desenvolve sozinho no solo. A alma infantil não é absolutamente um germe que se desenvolve; sem dúvida é também isso, mas é muito mais, é uma força, uma intenção que tende para um fim adulto; querer desviar essa força de seu objetivo é desorientá-la, consagrá-la a todos os desvios e recalques que podem, absorvendo-a, aniquilá-la. Não se deve confundir desenvolvimento espontâneo com desenvolvimento solitário; para a criança, desenvolver-se é tender em direção ao homem, isto é, em direção a um modelo, e não se contentar em desenvolver virtualidades originais. Estas sozinhas jamais fariam ultrapassar o estádio da animalidade. O professor deve, portanto, ser o modelo, o conselheiro, o amigo mais velho, através de quem a criança encontre seu caminho.[6] Quando ele atinge esse resultado, a criança o proclama ela própria: "parece", diz Mlle. Flayol, das escolas montessorianas, "que as ordens da professora são atendidas com impaciência e que se põe uma espécie de ardor em sua execução. Isso é a obediência consentida";[7] digamos melhor, a obediência desejada. É então um grande erro querer que o professor se apague tanto quanto possível, e as experiências de escolas sem adultos testemunham amplamente, com seu fracasso, a necessidade deles. Que a criança não se desenvolve pela repressão, mas por sua própria vontade, muito bem; mas isso só pode acontecer com a ajuda do adulto. E a aprovação adulta é a melhor recompensa para esse

---

6. Uma análise desse problema encontra-se no excelente *Tratado de Pedagogia*, de M. Hubert, em especial, pp. 35 e segs.: "O ser consciente e dotado de razão não se reduz à sua natureza. Ele não é apenas o que é, mas o que aspira ser." E M. Hubert cita, a esse respeito, Schmid: "A criança espera que seu educador seja o juiz de seu 'melhor *eu*', que a acompanhe em sua luta contra as tendências nefastas, que a ajude a viver em paz com sua consciência." Não se pode dizer melhor. É o mesmo resultado que almejamos, não tanto por uma reflexão sobre os métodos pedagógicos, mas a partir do estudo do jogo espontâneo.

7. *La Méthode Montessori*, p. 57.

desenvolvimento espontâneo. O professor deve ser não um chefe, mas um treinador. A história de Pestalozzi é testemunho disso. Sua ação foi tão ampla e tão profunda mais pelo entusiasmo de seu coração e seu amor pelas crianças do que pelos métodos que nos parecem hoje bem medíocres. "Sonha", dizia ele, "que, se a repressão te rouba a confiança da criança, todas as tuas penas foram em vão. Assim assegura-te bem de seu coração, torna-te necessário a ela... Não faça pesarem teus conhecimentos sobre teu aluno, mas deixa a verdade vir a ele".

Daí derivam conseqüências importantes. Se a presença adulta é necessária, não esperemos tudo da instituição dos grupos de crianças. O trabalho em grupo não pode dispensar a interferência do professor, pois continua ocupação de crianças. Ele deve sempre, afinal de contas, ser controlado e aprovado pelo adulto. A própria criança sabe disso. Ela gosta muito que se lhe afrouxem as rédeas a fim de correr melhor; mas vem finalmente pedir aprovação, sem o que sua corrida seria sem finalidade e sem valor. Acrescentemos que esse método de trabalho em grupo só pode se instituir quando a criança é capaz de entrar num grupo organizado; ora, o jogo nos ensina que dificuldades enfrenta essa constituição do grupo durante longos anos. Cousinet, fundador desse método, sabia disso muito bem, e tinha isso em conta; mas, depois chegou-se às vezes (por exemplo na Rússia, numa época hoje ultrapassada) a constituir grupos nas escolas maternais. Nada nos parece mais idiota. É esquecer que não há uma, mas várias infâncias, e que a cada uma convém diferentes métodos pedagógicos.

Por isso mesmo a autoridade do adulto que lança seu apelo, que treina o grupo, deve ser reconhecida. Muita familiaridade é aqui tão nociva quanto muita distância. De um lado o professor é muito distante, e aniquila; mas, de outro, ele é muito próximo, não atrai mais. Sob esse aspecto, o "professor-camarada" não vale mais do que o professor-tirano de antigamente; o erro é o mesmo de ambos os lados. Qualquer coisa será melhor do que deixar desaparecer esse prestígio, esse halo que circunda o adulto-modelo. Antes que se veja a criança dominar o professor e rebaixá-lo à condição de um ser qualquer, antes que se veja baixar a santa autoridade do educador, vale tentar tudo. Pois, quando essa autoridade desaparecer, não haverá mais meios de restaurá-la, de agir sobre esse ser infantil comandado inteiramente (no que ele tem de mais nobre) pelo apelo do mais velho. Escutemos aqui a voz de Locke, esse pedagogo cuja sutileza empírica raramente foi igualada, aquele a quem Rousseau chamava: "o sábio Locke". Locke combateu, mais que ninguém, o uso de punições corporais: "Bater nas crianças é o pior, e por conseguinte, o último meio de que se deve lançar mão... as crianças mais castigadas raramente são os melhores homens... uma disciplina

131

de escravidão gera um temperamento de escravo."[8] "Mas a criança deve sempre respeitar a autoridade adulta, deve obedecer sem hesitar: a teimosia e a desobediência obstinada devem ser dominadas pela força e pancadas; para isso não há outro remédio."[9] Acrescentemos que "a necessidade de tal castigo é conseqüência natural de indulgências ou negligências anteriores".[10] Mas, quando é a criança que comanda, ela perdeu o motor essencial de sua educação, o apelo do mais velho. E é mais fácil reencontrar o amor quando se tem autoridade do que reencontrar a autoridade e o amor quando ambos se perderam. O adulto deve se fazer estimar.

Outro ensinamento dos jogos reside na existência na criança de um amor à regra, à ordem, à disciplina. Veja-se com que seriedade quase religiosa a criança recita as fórmulas das regras tradicionais, veja-se com que facilidade ela obedece aos grandes e ao mentor. E querer que essa mesma criança, acabada a recreação, se interesse por uma atividade sem regras e sem disciplina! Que erro! A disciplina do trabalho escolar tem seu modelo na disciplina lúdica. Seria absurdo querer que a criança, em seu trabalho, apresentasse menos disciplina do que em seus jogos/brincadeiras! Essa disciplina laboriosa, a criança não se contenta em aceitá-la, mas ela própria a realiza, quando se sabe dirigi-la. Muito se tem falado da disciplina consentida, e a idéia é certa. O autogoverno é o ideal que nossas crianças demandam (sob a condição de que o adulto o controle e o aprove). Ainda é preciso se lembrar que a disciplina lúdica só se torna estrita na quarta infância, pela organização do grupo de jogo. Antes, qualquer autogoverno está destinado ao fracasso. Não foi por acaso que Decroly só o instituiu entre as crianças maiores. De qualquer maneira, mais vale uma disciplina em que a parte do adulto é maior do que nenhuma disciplina. Não esqueçamos como o mentor pode ser, nos jogos de nossas crianças, uma personagem tirânica. E não peçamos a um professor que seja mais apagado do que o mentor!

Sem dúvida nos dirão que a disciplina que podemos observar entre os maiores num pátio de escola é instituída em vista do jogo, não em vista do trabalho. E que, por conseguinte, não se pode concluir que a atividade lúdica, agradável e aceita como laboriosa, seja difícil e imposta. Mas isso é ainda partir de uma concepção errônea do jogo. O que agrada no jogo é a dificuldade livremente superada. Pouco importa a natureza dessa dificuldade; a obrigação lúdica é puramente formal, ela se acomoda a qualquer matéria. Por que então seria impossível destinar-lhe uma matéria escolar? O problema é apenas apresentar a tarefa escolar como desejável, como

---

8. *Some Thoughts Concerning Education*, em mais de uma passagem.
9. *Some Thoughts Concerning Educationn*, "passim", § 78.
10. *Ibid.*, 84.

um obstáculo a superar livremente. E sem dúvida não é um problema pequeno. Mas, se quisermos, "uma criança pode ser levada a desejar aprender qualquer atividade que queiramos ensinar-lhe". [11]

Até aqui admitimos como postulado que a escola deveria apoiar-se no jogo, tomar o comportamento lúdico como modelo para conformar segundo ele o comportamento escolar. E temos sido levados, admitindo muitos princípios da educação há algum tempo dita nova, a rejeitar certos abusos cometidos em nome desses princípios e até mesmo alguns princípios errôneos. Mas isso não basta. É preciso que ponhamos em questão o postulado primitivo, e examinemos agora que diferenças separam o jogo do trabalho, a fim de ver se a educação não tem, em certos pontos, de se separar do comportamento lúdico. De fato, por mais estreitas que sejam as relações entre jogo e trabalho, e que o jogo possa levar às vezes ao trabalho, há entre esses dois comportamentos diferenças apreciáveis. Agora é tempo de examiná-las.

Exagerou-se, sem dúvida, quando se comparou o jogo ao sonho; há, entretanto, nessa comparação uma idéia correta. O jogo, como o sonho, fica fora dos trabalhos laboriosos; fica no ar, não produz obra duradoura. De onde vem essa diferença? De uma diferença ainda mais profunda, em que o jogo é abstraído da situação real: joga-se dama tanto num pátio de recreio quanto em casa, tanto em liberdade quanto na prisão (desde que se tenha um tabuleiro), tanto numa ilha deserta quanto numa grande cidade. Abstraído da situação real, o jogo se mantém independente seja da restrição física e fisiológica, seja da restrição verdadeira. Analisemos esses dois aspectos mais demoradamente.

Acontece às vezes que a resistência do objeto desempenhe um papel no jogo, como a tensão do arco, o peso da corda, a superfície do pátio onde se brinca de bolinhas de gude. Mas essas resistências são tomadas, ou antes aceitas como dados lúdicos, exatamente como a resistência ou a flexibilidade dos músculos. Não é por aí que o jogo pode se inserir numa situação concreta. O jogo não considera o lugar, nem a hora (sabe-se como as crianças esquecem a hora das refeições). Cada jogo é como que fora do tempo e do espaço reais, num tempo e num espaço que lhe são próprios. Sob esse aspecto, há uma suficiência e uma independência do jogo, que o subtraem do mundo das necessidades, do mundo prático.

O jogo é também subtraído do mundo dos homens. Sem dúvida, as regras podem ser tradicionais e até vindas dos adultos, mas cada partida é feita por um grupo de seres que formam, na espécie humana, uma célula independente. O jogo não acrescenta nem retira nada ao grupo dos adultos; ele fica de fora, e mesmo secreto, escon-

---

11. Locke, *ibid.*, § 74.

dido pela casa e arredores. Alain afirma que o jogo está fora do círculo dos trabalhos reais, isto é, fora da sociedade. Quem diz trabalho está dizendo sociedade. Um animal que procura seu alimento não trabalha, por mais difícil que seja essa procura; e se dissemos que um boi trabalha quando puxa o carro é que, em nossa linguagem, nós o integramos no círculo dos trabalhos humanos; seu trabalho só vale em relação à sociedade humana que o utiliza. Retomando a idéia de Alain que acabamos de mencionar, Ruyer dizia com razão que o jogo é "parcelário".[12] Ao contrário, o trabalho é total, é um conjunto. É possível dizer que só o grupo trabalha para a necessidade de um de seus membros. Assim o quer a solidariedade econômica e cultural.

Uma educação baseada unicamente no jogo seria então insuficiente. O jogo, parcelado, não pode triunfar sobre o egocentrismo; quando muito, pode substituir o egocentrismo individual pelo grupal, pelo sociocentrismo; daí as brigas entre grupos de crianças de escolas, de bairros ou de cidades diferentes. Não esqueçamos de que o grupo de jogo se basta a si mesmo. Querer fazer dele uma célula educacional é esquecer o resto do organismo social. Também esses métodos educacionais que constituem equipes, bandos, sociedades autônomas, nos parecem perigosos; eles criam um orgulho do grupo, uma fidelidade a uma seita fechada que fazem par com o desprezo ao estranho. Parece-nos, particularmente, por nossa experiência pessoal, que o escotismo não evitou completamente esse perigo: há um egocentrismo escoteiro, uma vaidade escoteira, que isolam, não raro, o escoteiro do resto do mundo.

Uma educação pelo jogo fica fora do tempo e do espaço, como fora do século. Se se quer que a educação forme um homem, desenvolva todas as potencialidades latentes na criança, não se pode contentar com essa formação formal que é a do jogo, com essa moralidade formal que não apresenta nenhum fim concreto, ou antes, aceita indiferentemente qualquer fim. Por esse formalismo, o jogo isola tanto da família, da comunidade, quanto da existência não humana. Ou antes, o jogo não isola, como sempre se acreditou, ele não é evasão, mas não é capaz de estabelecer liames entre o ser individual e autônomo e as realidades sociais e concretas; ele é insuficiente para constituir algo além de um ser alheio ao mundo, e como um Robinson Crusoe. É preciso então prover de matéria concreta essa forma vazia, e integrar o indivíduo no todo. Isso, só o trabalho, por sua natureza de atividade dependente, é capaz de realizar. Sozinho, o trabalho permite, pelos obstáculos concretos que enfrenta, pelas vicissitudes de suas realizações, reconhecer os demais seres e dar-lhes o valor que merecem.

---

12. *Revue de Métaphysique*, jan./48, p. 50.

Uma educação que se limitasse ao jogo isolaria pois o homem da vida, fazendo-o viver num mundo ilusório. Se, como diz Claparède, a escola deve preparar para a vida, e até ser a vida, é preciso então incluir nela o trabalho. O jogo é apenas uma preparação para o trabalho, exercício, propedêutica. Vimos, aliás, que se a criança brinca, é porque é ainda incapaz de trabalhar; o jogo é apenas um substituto do trabalho. Não convém que esse substituto venha tomar o lugar da realidade. É pelo trabalho que a escola deve desembocar na vida.

Não se deve, entretanto, se enganar sobre esse ponto, e acreditar que a escola possa ser uma fazenda ou uma oficina. Também aí, certos pedagogos, por terem exagerado uma idéia correta, se esqueceram de levar em conta a natureza da infância. "Nada sem trabalho", diz o emblema da cidade escolar de Freeville, e lá "a escola tende a se tornar uma autêntica pequena república econômica e social capaz de ser auto-suficiente".[13] "Capaz de ser auto-suficiente", como certas colônias penitenciárias modernas! Esse, parece-nos, o ponto perigoso. Numa cidade como essa, que mais se pode formar além de bons operários? E esses bons operários, tendo aprendido a trabalhar num meio especial, não terão dificuldades quando sairem de Freeville, para se adaptar a uma outra sociedade? Ou não serão tentados — como se vê sempre nesse tipo de cidade — a ficar em Freeville, e a continuar sendo crianças laboriosas, num mundo fechado de crianças? Se a escola deve preparar para o trabalho e formar trabalhadores, é preciso que ela se abra. Mas, assim, a criança deve se tornar homem muito cedo, ela amadurece muito depressa. Evitando esse perigo, transformando a escola numa cidade autônoma, cria-se uma situação absolutamente artificial, e formam-se trabalhadores a quem faltam as qualidades sociais do trabalhador.

Não tentemos violentar a natureza. Escola é escola, oficina é oficina. A escola é um mundo mais ou menos fechado; a oficina tem suas portas abertas, e por elas passam os fregueses e os produtos fabricados. Numa, prepara-se para a vida; na outra, ganha-se a vida. A escola não pode participar diretamente do mundo do trabalho. E, ao método de Freeville, é preferível ainda o de um Rabelais cujos alunos visitam as farmácias, boticas e às vezes enfeixam o ferro e trabalham a madeira como por distração.

Tentemos fazer o trabalho penetrar na escola, não baseemos toda nossa educação no jogo. Mas não pretendamos que esse trabalho escolar seja idêntico ao verdadeiro, ao do camponês ou do operário; isso é impossível. Mesmo ultrapassando o jogo, o trabalho escolar

---

13. Hubert, *Traité de Pédagogie*, p. 567.

continuará escolar, a meio caminho, entre jogo e trabalho. Como observa Alain, as plantas cultivadas estarão sempre em vaso ou jardim, nunca em campos verdadeiros (a menos que se trate de uma escola agrícola, o que é bem diferente). Os produtos do trabalho escolar poderão aumentar os recursos da cooperativa, mas não alimentarão os alunos. O trabalho escolar tem sua natureza específica de trabalho escolar.

Há nisso uma razão que sempre se esquece, ainda que, a partir de Platão, seja muito conhecida. O contato com a realidade só é garantido por uma longa preparação, pelo que os psicólogos chamam de aproximações sucessivas. Para conhecer bem as plantas, não basta tê-las à mão e olhá-las; isso qualquer um pode fazer, e sem grande proveito. Não se compreende o mundo real por contemplação direta. A experiência ensina menos do que a reflexão sobre ela. Um diagrama da flor ensina mais sobre ela do que sua visão direta; a visão direta só dá resultado se o aluno já sabe o que é preciso olhar, se para ele, a flor é a cópia do diagrama; do contrário, ele verá muito pouca coisa. Dizer isso é dizer também que a criança deve desfrutar das reflexões feitas pelas gerações precedentes. Pode-se dizer que essas são partes de experiências: o botânico tem sempre a lupa no bolso. Sim, mas uma coisa é inventar, e outra conhecer invenções já feitas. O método empírico é demorado, demanda gerações sucessivas. O objetivo da escola é, em boa parte, compendiar essa experiência direta; e para isso, é preciso proceder de maneira diferente da dos inventores. Seria preciso, antes de ensinar às nossas crianças a regra de três, fazê-las conhecer os procedimentos antigos, e o "cálculo dos montes" dos egípcios? Se a criança não desfrutasse facilmente dos trabalhos dos antepassados, a escola não teria razão de ser. O trabalho escolar deve ser apenas uma tomada de contato indireta e rápida, não uma descoberta.

Na base desse erro pedagógico que denunciamos, há um erro psicológico grave. Imagina-se que o homem chega às coisas unicamente pelo trabalho, e que tem delas um conhecimento direto e empírico. Ora, a ciência procede menos do trabalho interessado do que de atividades desinteressadas nascidas do jogo (atividades religiosas em especial em sua origem). Chegamos à existência a partir do conceito, e não ao conceito a partir da existência. Testemunham isso amplamente a mentalidade infantil, e sobretudo o jogo infantil, por seu caráter autônomo. O jogo prepara o contato com a existência não humana, ele não fornece esse contato. Só se domina a natureza pela obediência ao espírito, de início, e depois à própria natureza. Se o jogo fica muito distanciado dessa existência real, cabe ao trabalho escolar percorrer o resto do trajeto. Mas esse trabalho escolar, para ser proveitoso, é diferente do trabalho real. Ele habitua ao

136

esforço, mas não o esforço penoso do trabalhador, sustentado pelo peso do arado, pela terra que agarra a seus pés, pelas estações e pela natureza do grão que é preciso semear na data prescrita pela natureza. É preciso conhecer as coisas concretas, mas sobretudo pelos processos intelectuais, diagramas, palavras, e até pelo uso de um aparelho matemático que não existe nos nossos campos. Ele forma a moralidade, mas, de uma parte, é uma moralidade restrita do grupo restrito, e de outra, uma moralidade abstrata, anedótica, romanceada, de palavras, e que, por mais universal que seja, fica fora do universo social.

Repitamos: a escola, não é nem o jogo, nem o trabalho real. É menos e outra coisa. Não procuremos identificá-la com um nem com outro. O escolar deve ser mais do que uma criança e menos do que um adulto. O trabalho escolar deve ser mais do que o jogo e menos do que o trabalho. É uma ponte lançada do jogo ao trabalho. Nas escolas maternais, será ainda quase um jogo, um jogo educativo. Nas classes mais avançadas, será próximo do trabalho. Mas evitemos conservar, por um uso excessivo do jogo, um infantilismo que não tem mais razão de ser. E não nos preocupemos se nossos estudantes não têm ainda a maturidade de jovens aprendizes, é essa a lei da escola. Consolemo-nos pensando que o trabalho real e a vida lhes darão o que lhes falta, e que poderão ser, mais facilmente, graças a seu aparente atraso, bons engenheiros e bons cidadãos. Não esqueçamos a velha alegoria platônica da caverna que põe o conhecimento do real no fim da aventura; nem a lição dos artistas que, pelo simples jogo, nos têm ensinado, através dos tempos, a melhor nos conhecermos e a nos amarmos melhor.

BIBLIOGRAFIA

ALAIN, *Propos sur l'Éducation* (Gallimard, 1932).*
————— *Préliminaires à la Mythologie* (Hartman, 1943).
BOVET, *L'Instinct Combatif* (Flammarion, 1933).
CAILLOIS, *Les Jeux et les Hommes* (Gallimard, 1958).
CLAPARÈDE, *Psychologie de l'Enfant et Pédagogie Experimentale* (Delachaux et Niestlé, 1909; éd. refondue, 1946).*
DEWEY, *Les Écoles de Demain* (Flammarion, 1930; tr. do inglês).*
FREINET, *L'Éducation du Travail* (Delachaux, 1946).*
FREUD, *Essais de Psychanalyse* (Payot, 1948; tr. do alemão).
GRIAULE, *Jeux et Divertissements Abyssins* (Leroux, 1935).
————— *Jeux des Dogons* (Institut d'Ethnologie, 1938).
GROOS, *Les Jeux des Animaux* (Alcan, 1902; tr. do alemão).
HIRN, *Les Jeux d'Enfants* (Stock, 1943; tr. do sueco).
HUBERT, *Traité de Pédagogie Générale* (Presses Universitaires, 1946).
HUIZINGA, *Homo Ludens* (Gallimard, 1951; tr. do holandês).
JANET, *Les Débuts de l'Intelligence* (Flammarion, 1935).*
LUQUET, *Le Dessin Enfantin* (Alcan, 1927).
MARROU, *Histoire de l'Éducation dans l'Antiquité* (Ed. du Seuil, 1948).
MONTESSORI, *L'Enfant* (Desclée de Brower, 1936; tr. do italiano).*
PEREZ, *L'Enfant de Trois à Sept Ans* (Alcan, 1886).
————— *Les Trois Premières Années de l'Enfant* (Alcan, 1911).
PIAGET, *Le Jugement Moral Chez l'Enfant* (Alcan, 1926).*
————— *La Formation du Symbole Chez l'Enfant* (Delachaux et Niestlé, 1945).*
QUEYRAT, *Les Jeux des Enfants* (Alcan, 1905).
RAMBERT, *La Vie Affective et Morale de l'Enfant* (Delachaux et Niestlé, 1945).
REYNIER, *L'Ame Enfantine* (Gallimard, 1938).
STEKEL, *Lettres à Une Mère* (Gallimard, 1930; tr. do alemão).
VARENDONCK, *Recherches sur les Sociétés d'Enfants* (Misch et Thron, Bruxellas, 1914).
ZULLIGER, *La Psychanalyse à l'École* (Flammarion, 1930; tr. do alemão).

---

* Esta bibliografia é propositadamente limitada às obras francesas ou traduzidas para o francês. As obras mais importantes para o problema do jogo infantil estão assinaladas com um asterisco.

NOVAS BUSCAS EM EDUCAÇÃO
VOLUMES PUBLICADOS

1. *Linguagem Total* — Francisco Gutiérrez.
2. *O Jogo Dramático Infantil* — Peter Slade.
3. *Problemas da Literatura Infantil* — Cecília Meireles.
4. *Diário de um Educastrador* — Jules Celma.
5. *Comunicação Não-Verbal* — Flora Davis.
6. *Mentiras que Parecem Verdades* — Umberto Eco e Marisa Bonazzi.
7. *O Imaginário no Poder* — Jacqueline Held.
8. *Piaget para Principiantes* — Lauro de Oliveira Lima.
9. *Quando Eu Voltar a Ser Criança* — Janusz Korczak.
10. *O Sadismo de Nossa Infância* — Org. Fanny Abramovich.
11. *Gramática da Fantasia* — Gianni Rodari.
12. *Educação Artística* — luxo ou necessidade — Louis Porches.
13. *O Estranho Mundo que se Mostra às Crianças* — Fanny Abramovich.
14. *Os Teledependentes* — M. Alfonso Erausquin, Luiz Matilla e Miguel Vásquez.
15. *Dança, Experiência de Vida* — Maria Fux.
16. *O Mito da Infância Feliz* — Org. Fanny Abramovich.
17. *Reflexões: A Criança — O Brinquedo — A Educação* — Walter Benjamim.
18. *A Construção do Homem Segundo Piaget* — Uma teoria da Educação — Lauro de Oliveira Lima.
19. *A Música e a Criança* — Walter Howard.
20. *Gestaltpedagogia* — Olaf-Axel Burow e Karlheinz Scherpp.
21. *A Deseducação Sexual* — Marcello Bernardi.
22. *Quem Educa Quem?* — Fanny Abramovich.
23. *A Afetividade do Educador* — Max Marchand.

24. *Ritos de Passagem de nossa Infância e Adolescência* — Org. Fanny Abramovich.
25. *A Redenção do Robô* — Herbert R'ad.
26. *O Professor que não Ensina* — Guido de Almeida.
27. *Educação de Adultos em Cuba* — Raúl Ferrer Pérez.
28. *O Direito da Criança ao Respeito* — Dalmo de Abreu Dallari e Janusz Korczak.
29. *O Jogo e a Criança* — Jean Chateau.
30. *Expressão Corporal na Pré-Escola* — Patricia Stokoe e Ruth Harf.
31. *Estudos de Psicopedagogia Musical* — Violeta Hemsy de Gainza.
32. *O Desenvolvimento do Raciocínio na Era da Eletrônica* — Os Efeitos da TV, Computadores e "Videogames" — Patrícia Marks Greenfield.
33. *A Educação pela Dança* — Paulina Ossona.
34. *Educação como Práxis Política* — Francisco Gutiérrez.
35. *A Violência na Escola* — Claire Colombier e outros.
36. *Linguagem do Silêncio* — Expressão Corporal — Claude Pujade-Renand.
37. *O Professor não Duvida! Duvida!* — Fanny Abramovich.
38. *Confinamento Cultural, Infância e Leitura* — Edmir Perrotti.
39. *A Filosofia Vai à Escola* — Matthew Lipman.
40. *De Corpo e Alma* — o discurso da motricidade — João Batista Freire.
41. *A Causa dos Alunos* — Marguerite Gentzbittel.
42. *Confrontos na Sala de Aula* — uma leitura institucional da relação professor-aluno — Julio Groppa Aquino.

www.gruposummus.com.br

IMPRESSO NA
sumago gráfica editorial ltda
rua itauna, 789 vila maria
02111-031 são paulo sp
tel e fax 11 **2955 5636**
sumago@sumago.com.br